그들의 성공엔 특별한 스토리가 있다

SERICEO 실전경영 03

그들의 성공엔 특별한 스토리가 있다
한발 앞서가는 기업들의 남다른 1%

2012년 5월 21일 초판 1쇄 발행
2016년 9월 30일 초판 10쇄 발행

엮 은 이 │ 삼성경제연구소
펴 낸 곳 │ 삼성경제연구소
펴 낸 이 │ 차문중
출판등록 │ 제1991-000067호
등록일자 │ 1991년 10월 12일
주   소 │ 서울시 서초구 서초대로74길 4(서초동) 삼성생명서초타워 30층
전   화 │ 02-3780-8153(기획), 02-3780-8084(마케팅), 02-3780-8152(팩스)
이 메 일 │ seribook@samsung.com

ⓒ 삼성경제연구소 2012
ISBN │ 978-89-7633-444-2 03320

- 저자와의 협의에 의해 인지는 붙이지 않습니다.
- 이 책은 저작권법에 따라 보호받는 저작물이므로 무단전재와 무단복제를 금지하며,
  이 책 내용의 전부 또는 일부를 이용하려면 반드시 저작권자와 삼성경제연구소의
  서면동의를 받아야 합니다.
- 가격은 뒤표지에 있습니다.
- 잘못된 책은 바꾸어 드립니다.

삼성경제연구소 도서정보는 이렇게도 보실 수 있습니다.
홈페이지(http://www.seri.org) → SERI 북 → SERI가 만든 책

SERICEO 실전경영 03

그들의 성공엔 특별한 스토리가 있다
한 발 앞서가는 기업들의 남다른 1%

삼성경제연구소 엮음

삼성경제연구소

SERICEO 실전경영 03권을 발간하며

삼성경제연구소가 경영자를 위한 동영상 지식서비스 SERICEO를 시작한 지 벌써 10년을 넘어섰다. 바쁜 일과를 보내는 경영자를 대상으로 한 것이기에 꼭 필요한 지식을 알기 쉽고 시의성 있게 전달한다는 대원칙 아래 콘텐츠를 제공하고 있다. 더해 단순한 정보 제공을 넘어서 경영자의 창의력과 통찰력을 자극할 수 있는 주제를 개발하는 데에도 힘을 쏟아왔다. 5~7분 분량의 새로운 동영상 콘텐츠를 매일 4편씩 제공하는 SERICEO는 경영자들의 상상력 발전소 역할을 담당하며 그야말로 한국을 대표하는 지식서비스로 발전해나가고 있다.

10년 이상 축적된 SERICEO의 다양한 콘텐츠 중에서도 CEO나 리더들에게 특히 높은 관심과 사랑을 받은 것은 사례연구이다. 경영 현장에서 실제로 벌어진 성공과 실패의 기록은 그야말로 히트한 영화보다 더 흥미진진하고, 권위 있는 이론서보다 더 설득력 있는 교훈을 던져준다.

이에 삼성경제연구소는 경영자의 영감을 자극하는 촌철살인의 스토리를 통해 많은 회원들의 공감을 얻은 경영사례 콘텐츠를 한데 묶어 'SERICEO 실전경영' 시리즈로 발간하였다. 《소림사에서 쿵푸만 배우란 법은 없다》와 《나는 고집한다, 고로 존재한다》에 이어 최근의 사례들을 엮은 이 책은 톡톡 튀는 아이디어와 창의력을 무기로 위기를 극복하고 각각의 분야에서 놀라운 성과를 보여주고 있는 기업들의 성공스토리를 담고 있다.

글로벌 재정위기에 따른 선진국의 경기침체로 세계경제의 앞날은 불안하기만 하다. 이처럼 높은 불확실성 속에서 미래 전략에 대한 고민은 더욱 커질 수밖에 없다. 이러한 시기에 경영현장의 생생한 기록을 전달하고 싶다는 소망을 담고 있는 이 시리즈가 조직을 이끄는 리더와 전략을 구상하는 실무자들에게 발상을 전환하고 새로운 구상을 실현하는 데 조금이나마 실제적인 도움을 줄 수 있다면 커다란 보람이 될 것이다. 끝으로 SERICEO 콘텐츠를 함께 만들어온 연구원과 제작진, 그리고 책자화를 위해 수고한 출판팀원들에게 심심한 감사를 표한다.

2012년 5월
삼성경제연구소 소장
정기영

차례

∴ SERICEO 실전경영 03권을 발간하며 · 4

제1장
이유 없는 명성은 없다

가구와 가구업의 개념을 바꾸다, 이케아 | 정태수 · 13
기본에서 시작되는 헹켈의 명예 | 김경란 · 19
명품 '디지로그'를 연주하다, 깁슨 기타 | 김진성 · 25
예술계의 트렌드를 이끄는 크리스티 코드 | 신형원 · 33
최고가 아니면 만들지 않는다, 벤츠 | 김현한 · 40
무한도전의 승부사, 에스티 로더 | 김근영 · 45
역전을 허용치 않는 '승리의 이름', 나이키 | 김상범 · 51
100년 브랜드 로레알의 성공비결 | 이동훈 · 58
고객을 한없이 높이는 명품 중의 명품, 에르메스 | 이민훈 · 64
모바일 시대의 새로운 대세, ARM | 최병삼 · 70
운동기구업계의 히든 챔피언, 테크노짐 | 이준환 · 75
주변에서 주역으로! 로지텍의 성공행진 | 신형원 · 83

제2장
평범과 비범을 가르는 것은 작은 특별함이다

"존 골트는 누구일까?" 룰루레몬의 재미난 성공 | 이민훈 · 93

유아용품계의 슈퍼스타, 스토케 | 홍선영 · 101

강력함과 섬세함으로 동시에 승부하다, 론카토 | 이민훈 · 107

로고 하나 바꿨을 뿐인데? | 김진성 · 114

애플도 벤치마킹한 포시즌스 호텔의 서비스 미학 | 이동훈 · 122

1년에 40억 병! 코카콜라에 도전한 레드 불 | 하송 · 128

톡톡 튀는 스토리의 승부사, 베네피트 | 이정호 · 134

따뜻한 기업, 자포스의 행복배달! | 김진혁 · 140

왜 의료기 회사 테루모에 주목하는가? | 황래국 · 146

트럭에 대한 새로운 생각, 스카니아 | 김근영 · 153

고객을 위한 최고의 천 원, 다이소 | 홍선영 · 159

제3장
진정한 고수는 위기라 쓰고 기회라 읽는다

변화와 도전만이 살길이다, 뱅앤올룹슨 | 이정호 · 167

백화점의 따뜻한 미래, 다이신 | 백창석 · 174

잠자는 조직을 깨워라, HCL테크놀로지 | 정태수 · 181

일본항공의 부활, 그 비결은? | 이정호 · 188

머뭇거리지 않는 질병사냥꾼, 길리어드 사이언스 | 채승병 · 195

위기에도 강한 경영근육 만들기, 브리지스톤 | 정태수 · 203

토종기업이 시장을 지켜내는 비결 | 김상범 · 209

혁신의 대명사, 아수스텍 | 채승병 · 215

저물던 오페라의 화려한 부활, MET | 강한수 · 222

저성장 산업의 벽을 깨다, 야마다전기 | 신형원 · 228

제4장

1등을 쫓기만 해서는 1등을 이길 수 없다

와우! 저울에 달아 판다고? 킬로패션 | 김진혁 · 237

양말을 정기 구독하다?! 블랙삭스닷컴 | 이동훈 · 242

고무줄 하나로 연간 1억 달러! 실리밴즈 | 하송 · 248

장난감이 아닌 장난감, 크래니엄 | 정태수 · 254

미슐랭과 미쉐린의 관계를 아시나요? | 이정호 · 260

실패? 이왕이면 크게 하라! 알레시 | 하송 · 268

마징가Z 기지를 만들어드립니다! 마에다건설 | 백창석 · 275

인공위성이 만든 와인, 몬테스 알파 | 이정호 · 281

'포기'도 전략이다! 산토리 다카라 | 김진혁 · 288

불친절로 승부하다, 구로토 시코 | 이승현 · 293

히트제품 탄생의 정석을 보여주다, 미즈칸 | 백창석 · 299

세상에 이런 장난감이? 반다이의 창조경영 | 이정호 · 306

∴ 참고문헌 · 313

SERICEO 실전경영 03

• 가구와 가구업의 개념을 바꾸다, 이케아 • 기본에서 시작되는 헹켈의 명예 • 명품 '디지로그'를 연주하다, 깁슨 기타 • 예술계의 트렌드를 이끄는 크리스티 코드 • 최고가 아니면 만들지 않는다, 벤츠 • 무한도전의 승부사, 에스티 로더 • 역전을 허용치 않는 '승리의 이름', 나이키 • 100년 브랜드 로레알의 성공비결 • 고객을 한없이 높이는 명품 중의 명품, 에르메스 • 모바일 시대의 새로운 대세, ARM • 운동기구업계의 히든 챔피언, 테크노짐 • 주변에서 주역으로! 로지텍의 성공행진

제1장

이유 없는 명성은 없다

가구와 가구업의 개념을 바꾸다, 이케아

정태수

2011년 12월, 어느 가구업체가 한국에 진출한다는 소식이 인터넷과 소셜 네트워크를 뜨겁게 달구었다. 기사가 나오자마자 포털사이트의 실시간 검색순위 1위에 올랐을 정도인데, 화제의 기업은 바로 세계적인 가구업체 '이케아IKEA'였다.

이케아의 한국 진출 소식이 알려지면서 한국의 가구업체들은 이케아에 대항할 상생방안을 모색해야 한다며 목소리를 높였고, 이케아 1호점 후보로 언급된 광명 인근 부동산 시장이 요동치는 해프닝도 벌어졌다. 글로벌 가구회사 하나가 온 나라를 떠들썩하게 하다니, 그 위상이 그저 놀라울 따름이다.

이케아는 가구업종에서 글로벌기업으로 성장한 유일의

기업이다. 매출규모가 2011년 기준 364억 달러로 2위권 업체의 10배다. 그야말로 전 세계 가구업계의 '패자覇者'라 불릴 만하다. 1956년 스웨덴의 소품 주문판매회사로 출발한 이케아는 중립국 기업으로서 초기부터 동유럽에서 제품을 생산했고, 1970년대 이래로 스웨덴의 급속한 발전과 더불어 성장의 길을 걸어왔다.[1]

물론 이케아의 창업자 잉그바르 캄프라드Ingvar Kamprad의 강력한 리더십에 기반을 둔 이색 전략도 이케아가 스칸디나비아 반도를 넘어 세계를 무대로 하는 기업으로 성장하는 데 큰 힘이 되었다. 참고로 이케아라는 회사명은 창업자 이름의 머리글자인 I와 K에, 창업자가 운영하던 스웨덴 농장 '엘름타리드Elmtaryd'와 고향마을 '아군나리드Agunnaryd'의 머리글자를 조합한 것이다.

제품을 만들기 전에 가격부터 정하다

이케아의 핵심 철학이자 전략은 바로 '저가격' 제품을 공급하는 것이다. 이케아 창업 초기부터 일관되게 이어져온 경영철학이다. 창업자 잉그바르 캄프라드는 세계 제4위 부호로 선정되었을 정도로 부유하지만 지나치게 검소해 '깐깐한 짠돌이'로도 유명하다. 검소·실용·근면으로 대변되는 스칸디나비아식 가치관을 지닌 그가 저가격을 강조하는 건 어쩌면 당연한 일인지도 모른다.

다만, 창업자는 그렇다 쳐도 관리자와 직원, 하청업체까지 관련자들 모두가 이케아의 제1원칙인 '저가격'을 어떻게 지켜냈는지를 보면 그저 놀라울 따름이다. 단적인 예가 이케아의 독특한 제품생산 프로세스다. 이케아는 새로운 제품을 만들기 전에 가격부터 정하는 시스템으로 움직인다. 정해진 가격에 맞추어 제품을 생산하는 것이다. 한마디로 철저히 가격 중심의 생산 프로세스인데, 만약 경쟁 기업이 비슷한 제품을 더 저렴한 가격으로 제공하면 이케아도 즉시 가격을 내림으로써 최저가를 유지한다.

부품 상태로 판매하다

이케아의 저가격 정책은 크게 세 가지 특징이 있는데, 첫째는 소포장과 표준화이다. 이케아는 가구를 가장 작은 단위의 부품으로 나누어 생산·포장·운반함으로써 운송비용을 파격적으로 줄였다. 이케아식 소포장은 기존의 방식, 즉 가구를 완성된 형태로 운송하는 것보다 물류 공간이 6분의 1밖에 차지하지 않아 비용이 크게 줄어든다. 또 이렇게 하면 가구업계의 골칫거리인 운송 시 파손비용도 절감할 수 있다.

부품을 표준화해 가구 간 부품 호환이 가능하도록 한 것도 획기적 발상이었다. 이를 통해 이케아는 규모의 경제가 주는 효과를 누릴 수 있었다. 대량주문을 통해 가격을 매년 지속적으로 인하하되 좀 더 많이 판매함으로써 줄어든 마진 폭을 상쇄하는 전략을 추구한 것이다. 일례로 이케아의 대표 상품인 랙LACK 테이블은 1990년 25.7유로에 25만 2,000개를 팔았는데, 2009년에는 9.9유로에 200만 개를 팔았다.

컨베이어 벨트를 고객의 거실로 연장하다

이케아 저가격 정책의 둘째 특징은 운송과 조립을 고객에게 아웃소싱한다는 것이다. 일반 가구업체는 가구를 판매하는 과정에서 발생하는 작업량의 80%가 바로 제품을 '운송'해서 '조립'해주는 데서 발생한다. 그러나 이케아는 이 일을 고객에게 맡겨버렸다. 물론 그에 대한 보상으로 저가격 제품을 제공하는 것이다.

디자인 전문가 베른트 폴스터Bernd Polster는 이케아의 이런 방식을 두고 "이케아의 비결은 한마디로 컨베이어 벨트를 거실까지 연장한 데 있다"고 언급했다.[2] 이케아 포장지에 적힌 "도움을 주셔서 감사합니다"라는 말은 이케아가 고객에게 자신들의 작업을 아웃소싱한 것임을 잘 설명해준다.

참고로 운송과 조립에서 가장 중요한 경쟁력은 '조립의 용이성'이다. 많은 DIY 가구가 가격은 저렴한 대신에 이음새가 잘 맞지 않거나 조잡해 조립에 어려움이 많은데, 이케아는 접합 부분에 볼트 없는 이음새를 구현한다거나 접합 연결부의 부하를 줄여주는 볼트 기술을 개발하는 등 쉽게 조립할 수 있는 부품 개발에 심혈을 기울이면서 이런 단점을 보완했다.

시크한 디자인, 싸구려처럼 보이지 않게 하라

이케아 저가격 정책의 셋째 특징은 싸구려처럼 보이지 않는 디자인 기술, 즉 저렴함과 세련됨$^{Cheap\ \&\ Chic}$이다. 이케아는 회사의 지상명제인 저가격을 달성하기 위해 폐목재를 잘게 부수어 만든 소재를 쓰거나 재활용 제품을 주로 써왔다. 그러나 무조건 값싼 소재만 쓰는 것이 성공의 요인일 수는 없다. 저렴한 소재를 쓰지만 결코 저렴해 보이지 않게 하는 것, 아니 오히려 시크해 보이게 만드는 디자인 노하우가 이케아의 저가격 전략이 제대로 통하게 만든 요인이다.

그중에서도 목재의 속을 비우고 원목 느낌의 얇은 건축용 섬유판을 덧붙이는 '보드 온 프레임$^{board\ on\ frame}$' 기술이 대표적이다. 이처럼 이케아는 저렴한 소재를 사용하면서도 내구성을 강화했으며, 고급스러운 질감을 표현하는 코팅 및 마감처리 기술에도 주력했다.

이러한 기술을 부단히 개발하기 위해 아크조노벨$^{Akzo\ Nobel}$ 같은 세계적 화학업체와도 긴밀한 협력관계를 유지하고 있다. 그뿐 아니라 기능적으로 중요하고 미적으로도 간과하지 말아야 할 부분과, 뒷면이나 밑면같이 썩 중요하지 않은 부분의 소재를 달리하는 유연함도 이케아 가구의 디자인이 지닌 특징이다.

이케아의 저가격 정책은 앞서 말했듯 단순함과 실용성, 검소함을 중시하는 스칸디나비아식 가치관과 닿아 있다. 이케아는 가구를 사회적 지위나 부의 과시 수단으로 여기던 전통적 인식에서 벗어나, '유행에 맞춰 자주 바꿔도 좋은 소모품'이라는 인식을 심어주려 노력했다.

그 외에도 이케아는 '가구' 혹은 '가구업'의 개념을 모두 뒤집었다. '가구는 생활내구재'라는 고정관념을 탈피해 '직접 운반해서 직접 만드는 가구^{DIY}'로 업의 개념을 바꾸었다. '고가의 내구재'라고 여겨지던 가구를 '저가의 소모품'으로 바꾼 것이다. 이렇듯 끊임없이 업의 개념을 변화시킨 이케아야말로 새로운 패러다임을 제시해 신시장을 창출한 모범 사례 중 하나일 것이다.

기본에서 시작되는 헹켈의 명예

김경란

요리와 주방용품에 조금이라도 관심이 있다면 아마 '쌍둥이 칼'에 대해 한 번쯤 들어보았을 것이다. 대장장이 두 사람이 어깨동무를 한 모습이 이 쌍둥이 칼을 상징하는 로고다. 독일 여행을 간다고 하면 주변에서 가장 많이 주문하는 선물이 바로 이것인데, 그 칼을 만드는 주인공은 독일을 대표하는 주방용품의 명가, 헹켈Henckels이다.

  헹켈은 독일의 작은 마을 졸링겐에서 시작되었다. 졸링겐 마을은 예로부터 양질의 철이 많이 나 명품 칼의 주산지로 자리 잡았다. 헹켈의 창업주 요한 페터 헹켈Johann Peter Henckels 집안 역시 대대로 대장간을 운영해왔고, 중세에는 무사들이 쓰는 칼을 제작하기도 했다. 창업주 페터 헹켈은 동료 대장장이가 사용하던 쌍둥이 상표를 인수해 1731년 헹켈사를 설립했고, 이후 주방용 칼을 사업 영역으로 특화했다.

현재의 기업 명칭 'J. A. 헹켈'은 1771년에 만들어졌는데, 창업주의 아들 요한 아브라함 헹켈이 자기 이름의 머리글자를 따서 정한 것이다. 이때부터 헹켈 사는 기업의 틀을 본격적으로 갖춰, 다양한 주방용품과 손톱깎이 같은 바디용품으로 사업 영역을 확장했다. 그리하여 마침내 2010년 연간 매출이 3억 9,100만 유로에 달하는 세계적 기업으로 거듭났으며,[3] 매출의 80% 이상을 독일 이외 지역에서 거둬들이고 있다고 한다.

도마 위의 명품은 어떻게 탄생했나?

300년 가까운 세월 동안 헹켈이 세계적 명성을 유지해온 비결은 무엇일까? 한마디로 그것은 소비자에 대한 이해와 배려를 최우선 가치로 삼았기 때문이다. '소비자의 만족이 곧 우리의 성공'이라는 헹켈의 경영원칙은 이 회사가 보여주는 눈부신 기술과 디자인 철학에 고스란히 묻어난다.

일반적으로 전통적인 무쇠칼은 절삭력은 좋지만 녹이 잘 슬어 비위생적이고 스테인리스 스틸은 위생적이긴 하지만 절삭력이 떨어진다. 그래서 소비자는 둘 중 어느 것을 선택해야 할지 늘 고민이었다. 하지만 헹켈은 소비자가 이런 고민을 할 필요가 없게 해주었다. 무쇠와 스테인리스 스틸 두 재료를 적절히 배합한 기술을 개발해낸 것이다.

이 외에도 헹켈은 소비자를 만족시키고자 독보적인 특허 기술을 여러 가지 개발했다. 칼의 각 부위에 서로 다른 재질을 사용해 칼의 기능을 최적화하는 공법이나 특별한 열처리 및 냉각 과정을 통해 칼을 더 단단하고 예리하게 만든 공법 등이 그 예다.

소비자를 생각하는 마음은 헹켈의 제품 디자인에서도 확인할 수 있다. 위생 문제를 고려해 칼자루와 손잡이의 접합면을 제거한다거나 장시간 사용해도 손목에 무리가 가지 않는 디자인을 고민했다. 이처럼 특수하게 디자인된 칼은 주부들의 마음을 사로잡을 수밖에 없었다.

헹켈은 여기서 한발 더 나아가 소비자의 안전까지 고려했다. 예컨대 실수로 칼을 떨어뜨렸을 때 칼끝이 먼저 떨어지지 않고 손잡이부터 떨어지도록 디자인한 것이다. 헹켈은 이런 놀라운 기능성에 심미적 아름다움까지 제품에 담아내 유럽의 유명 디자인상 '레드닷 디자인 어워드 The red dot design award'에서 수상했다. 이 모두가 소비자의 니즈를 섬세하게 파악한 덕분에 가능했던 일이다.

칼 하나도 음식문화에 맞게!

소비자에 대한 헹켈의 배려는 제품라인에도 고스란히 드러난다. 헹켈은 육류를 많이 섭취하는 유럽 및 미주 지역 소비자를 위해선 날카로운 칼날이 중앙을 향하도록 만들었고, 곡물을 주로 섭취하는 아시아 시장에서는 칼날이 아래로 향하면서 다목적으로 사용이 가능한 칼을 선보였다. 각국의 음식문화에 맞춰 제품을 차별화한 결과다. 이는 단순하게 잘 드는 칼을 만드는 데 그치지 않고, 소비자가 원하는 칼을 만들겠다는 마음가짐의 표현이기도 했다.

가위에 병마개를 딸 수 있는 톱니를 부착한 제품을 처음 고안한 것도 바로 이런 고민의 결실이었다. 이후 전 세계 260여 개 업체가 이 제품을 본뜬 상품을 내놓았을 정도로 탁월한 아이디어였다. 이 외에도 헹켈은 여러 종류의 칼과 가위를 한 세트로 묶어 받침대에 넣어 파는 제품을 선보였는데, 이 역시 고객 편의를 최우선으로 생각한 것이었다.

하지만 아무리 좋은 제품도 소비자에게 제대로 소개되지 않으면 소용이 없다. 헹켈은 마케팅에서도 일찍부터 두각을 나타내 경쟁자들을 한발 앞질렀다. 창업 초기부터 독일 각지에 판매망을 구축한 것은 물론이고 런던, 파리, 뉴욕 등 해외 판매망을 점진적으로 늘려가며 국제시장을 적극적으로 공략했다.

헹켈은 제품라인을 구성할 때도 지역별로 소비자를 배려했다. 육류를 많이 섭취하는 유럽 및 미주 시장에서는 날카로운 칼날이 중앙을 향하게 하였고(왼쪽), 곡물을 주로 섭취하는 아시아 시장에서는 칼날이 아래로 향하면서 다목적으로 사용이 가능한 칼을 내놓았다(오른쪽).

경쟁자들이 여전히 국내시장에만 머물러 있던 19세기 후반에 헹켈은 이미 영어, 스페인어, 프랑스어, 독일어 등 4개 국어로 된 제품 카탈로그를 배포해 자사의 브랜드 이미지를 국제적으로 확산시켰다. 그때만 해도 인쇄술이 보편화되어 있지 않아 카탈로그를 일일이 손으로 필사하던 시기였음을 감안하면, 국제적 명성을 쌓기 위한 헹켈의 노력이 얼마나 대단했는지 감탄하지 않을 수 없는 대목이다.

헹켈은 또 제품 광고와 전시장 개설에도 많은 관심을 기울였다. 해마다 이 부분에 지출하는 마케팅 비용이 전체 매출액의 6~8% 정도인데, 이는 업계 최고 수준이라고 한다.

우리는 날로 더 고급스런 제품을 만든다

일찍부터 브랜드의 중요성을 인식해 고급스러운 이미지를 지속적으로 구축해온 것 역시 빼놓을 수 없는 성공비결이다. 헹켈은 1976년 별 4개를 그려 넣은 '포 스타 Four Star' 시리즈를 내놓았고, 이후에도 트윈 셀렉트, 트윈 파이브 스타, 트윈 폴락, 트윈 프로페셔널 등 다양한 서브 브랜드를 시장에 선보였다. 중요한 것은 각각의 브랜드가 프리미엄 이미지를 엄격히 고수한다는 점이다.

새로운 제품이 나올 때마다 새로운 시리즈 이름을 달아 헹켈은 날이 갈수록 더 고급스러운 제품, 한층 고품격의 제품을 내놓는다는 이미지를 끊임없이 쌓아가고 있다. 그 일환으로 가격이 좀 더 저렴한 보급형 제품은 고가의 쌍둥이 칼과는 별도로 '헹켈 인터내셔널'이라는 이름을 붙여 독일 이외의 지역에서 생산한다.

헹켈 제품을 한 번이라도 써본 소비자는 헹켈의 다른 제품에도 절로 호기심을 갖게 된다고 한다. 그래서 헹켈은 주방을 대표하는 명품 칼로 300년 가까이 전 세계 주부들의 사랑을 받아왔다.

헹켈의 제품이 곧 헹켈의 자존심이기에, 헹켈은 그 자존심을 지키기 위해 그만큼 철두철미하게 노력한다. 기술 개발부터 제품 디자인 그리고 제품을 알리는 방법까지, 이 모든 과정에서 소비자를 먼저 생각하는 헹켈의 기본자세와 기본을 유지하기 위한 끊임없는 혁신이 오늘날 '헹켈의 명예'를 창조한 것이다.

명품 '디지로그'를 연주하다, 깁슨 기타

김진성

디지털 시대일수록 아날로그 경쟁력을 갖춰야 한다는 목소리가 높다. 이어령 전 문화부장관은 디지털과 아날로그의 이런 만남을 '디지로그Digilog'라는 말로 표현하면서, 앞으로는 디지털 제품이라도 아날로그 감성을 입혀야만 살아남는 시대에 돌입할 것이라고 전망한 바 있다.

세계적인 기타 제조회사 깁슨Gibson은 아날로그와 디지털이 경영에서 어떻게 조화를 이뤄야 하는지 잘 보여주는 사례다. 1894년에 설립되어 120년 가까운 역사와 전통을 자랑하는 깁슨 사는 세계 최초로 일렉트릭 기타를 상업화해, 펜더Fender 사와 함께 기타 제조업계의 양대 산맥을 이루고 있다.

남자의 로망인 일레트릭 기타, 그리고 록음악 연주자들의 위시리스트인 깁슨 기타. 과연 깁슨 기타는 어떻게 아날로그와 디지털을 조화시켜 최고의 명성을 구가하게 되었을까?

깁슨 최초의 일렉트릭 기타 '레스 폴'의 성공

고전적인 아날로그 기타인 통기타는 손으로 현을 튕기면 내부 울림통을 통해 음량이 증폭되는 원리로 소리가 난다. 그러나 대규모 관중이 모이는 공연에선 그런 울림통이 만들어주는 음량만으로는 충분치 않다. 그래서 일렉트릭 기타가 탄생했다.

전기 또는 전자 기타라고 불리는 일렉트릭 기타는 현의 진동을 전기적 신호로 바꾸어 앰프를 통해 소리를 울려주는 기타다. 바로 이 기타를 통해 미국에서 로큰롤Rock'n'Roll의 시대가 열리게 된 것이다.

전설의 록그룹 레드제플린의 천재적인 기타리스트 지미 페이지가 사랑한 기타가 있는데, 바로 깁슨에서 만든 '레스 폴Les Paul'이라는 일렉트릭 기타다. 1952년 유명 기타리스트였던 레스 폴은 자신이 고안한 새로운 기타를 들고 깁슨 사를 찾아간다. 그리하여 울림통 없이 현의 진동을 전기적 신호로 바꾸는 픽업 장치를 갖춘 일렉트릭 기타가 제작되고, 깁슨 레스 폴이라는 모델명의 일렉트릭 기타가 세상에 첫선

로큰롤 발전에 지대한 공헌을 한 '레스 폴' 기타. 롤링스톤스의 키스 리처드, 이글스의 조 월시, 레드제플린의 지미 페이지 등 수많은 기타리스트가 레스 폴을 선택했다.
자료: http://www2.gibson.com

을 보인다.

이후 레스 폴 기타는 로큰롤 발전에 지대한 공헌을 하게 되는데, 롤링스톤스의 키스 리처드, 이글스의 조 월시, 레드제플린의 지미 페이지, 에릭 클랩튼 등 수많은 기타리스트가 이 기타로 연주하면서 유명세를 탔다.

그들은 왜 깁슨 기타에 열광하는가?

세계적인 기타리스트와 음악 애호가들이 깁슨 사의 기타에 열광하는 이유는 무엇일까? 그 제작 과정을 들여다보면 답을 찾을 수 있는데, 깁슨 기타에 새겨지는 고집스러운 장인정신이 그 이유 중 하나다. 깁슨 기타는 미국 테네시 주 내슈빌에 있는 깁슨 공장에서만 생산된다는 점이 특징이다. 인건비 압력이 있더라도 절대로 제3국 생산을 하지 않고 오직 이 곳에서만 제작함으로써 품질 수준을 일정하게 유지한다는 것이 깁슨의 변치 않는 원칙이다.

그 덕분에 30년 이상 이 일을 해온 숙련기술자들이 대부분의 공정에서 품질을 꼼꼼히 체크하며 수작업으로 기타를 제작한다. 원목의 수분 함유량을 일정하게 유지하는 것은 물론이고 그 후 이어지는 40여 단계의 공정을 완벽한 검수를 거치며 완수해낸 뒤에야 비로소 '깁슨' 로고가 새겨진다.

예를 들면, 원목을 자르고 깎는 자동화 공정 하나에도 500명 이상의 전문가가 일일이 검증하는 수작업이 가미된다. 또 기타의 몸체에 해당하는 '바디body'와, 음정을 조정하는 '넥neck'을 연결하는 '넥 세팅'이라는 공정에서는 혹시라도 미세한 오차가 생기면 깁슨이 원하는 품질과 소리가 나지 않기 때문에 여러 기술자가 돌아가면서 수차례 반복해서 검수 작업을 한다.

꼼꼼한 과정을 거쳐 기타를 제작하지만, 그것을 곧바로 시장에 출시하지 않는다. 제작된 기타 하나하나를 엔지니어와 기타리스트가 재검증하는 과정까지 거친 다음에야 시장에 내놓는다.

이러다 보니 하나의 기타가 완제품이 되기까지는 최소 21일에서 한 달 정도가 걸린다. 제품 품질을 지키기 위한 깁슨 사의 고집을 짐작할 만하다. 아날로그의 혼이 녹아 있는 장인 정신, 바로 이것이 120여 년 전통의 기타 명가, 깁슨을 만든 비결이다.

단순 작업자가 아니라
음악을 사랑하는 이들이 만드는 기타

깁슨을 일렉트릭 기타의 살아 있는 전설로 만들어준 또 다른 경쟁력은 무엇일까? 그것은 깁슨의 기술자들이 지닌 음악에 대한 열정이다. 기타 제작 기술을 지닌 장인이기도 한 이들 직원은 사실 대부분 기타리스트 출신이거나 음악 애호가들이며, 심지어 반평생을 거리의 음악가로 살았던 이도 있다. 음악을 사랑하는 사람들이 모여 만드는 기타이니, 가장 좋은 소리를 내는 기타를 만들겠다는 열정과 포부가 녹아 있을 수밖에 없는 것이다.

어떤 직원은 자신이 처음 가져본 기타가 깁슨 기타라며 이 회사 직원이 된 것을 영광스러워하고, 또 어떤 직원은 지미 페이지나 잭 와일드 같은 기타리스트가 연주하는 기타를 자기 손으로 직접 만들었다며 자랑스러워한다. 유명 기타리스트들이 공장을 찾아와 자신들의 수고에 감사한다는 사실에서 기쁨을 느끼기도 한다. 이들은 "좋아하는 기타를 만드는 것이 직업이라 참 행복하다"라고 이야기한다.

직원들로부터 최고의 품질을 향한 열정을 이끌어내는 것은 높은 액수의 보수도, 엄격한 모니터링 시스템도 아닌, 그들 내면에서 우러나오는 동기intrinsic motivation임을 새삼 확인시키는 사례다. 열심히 일하는 사람이 즐겁게 일하는 사람을 절대 이길 수 없듯이, 최고를 만드는 깁슨의 전통은 지금도 그렇게 사람에서 사람으로 이어지고 있다.

'진부함'이라는 딱지를 떼야 한다

그런데 장인정신과 자부심으로 무장한 장수 기업들을 보면 상당히 보수적인 문화를 지닌 곳이 많다. 하지만 깁슨의 고집스러움은 오직 '최고의 품질'을 구현하는 노력에서만 발휘된다. 오히려 깁슨은 제조 과정에서 나타날지 모를 오류를 줄이기 위해 필요한 소프트웨어 프로그램을 자체 개발하는 등 아날로그적 장인정신에 첨단 디지털 기술을 가미한다.

기타의 '넥' 부위에 반음 간격으로 붙이는 쇠를 가공하는 작업을 프렛 파일링fret filing이라고 하는데, 더 엄밀한 음질 차이를 구현하기 위해 꼭 필요한 이 작업은 매우 섬세한 기술을 요한다. 깁슨은 이 작업을 위해 컴퓨터 컨트롤드 플레킹computer-controlled pleking이라는 장비를 개발했는데, 이를 적용하려면 기타 한 대당 약 300달러 비용이 추가로 발생한다고

일렉트릭 기타의 최고봉으로 여겨지는 '플라잉 V'(위)와 '익스플로러'(아래) 모델. CEO 테드 맥카티는 "깁슨의 문화에서 '진부함'이라는 딱지를 떼야 한다"면서 당시로서는 상당히 파격적인 디자인을 선보였다.
자료 : http://www2.gibson.com

한다.[4] 깁슨은 대부분의 공정에 이 기술을 적용함으로써 장인의 솜씨와 최신 디지털 기술을 조합해 다른 회사가 모방할 수 없는 제조 경쟁력을 만들어냈다.

혁신을 향한 깁슨의 노력은 이미 상당한 역사를 축적해 왔다. 1950년대 말, 당시 CEO 테드 맥카티Ted McCarty는 "깁슨의 문화에서 '진부함'이라는 딱지를 떼야 한다"[5]면서 당시로서는 상당히 파격적인 디자인의 '플라잉 VFlying V'와 '익스플로러Explorer' 모델을 선보인다. 대중의 취향을 지나치게 앞서간 나머지 그때는 흥행에 실패했지만, 현재는 두 모델 모두 일렉트릭 기타의 최고봉으로 여겨지고 있다.

혁신을 향한 깁슨의 시도는 21세기 들어와서도 멈추지 않았다. 2003년, 세계 최초로 디지털 기타를 선보인 데 이어 2010년에는 다양한 효과음을 구현할 수 있고 케이블이 필요 없는 무선 블루투스가 탑재된 '파이어버드 X^{Firebird X}' 모델을 출시했다.

최고만을 고집하는 깁슨의 열정은 아날로그와 디지털의 만남을 통해 '명품이자 첨단인' 기타 브랜드로 구현되었다. 사실 깁슨 기타뿐만 아니라 오디오 브랜드인 보스^{BOSE}나 젠하이저^{Sennheiser} 같은 기업도 고유한 장인정신과 첨단 디지털 기술의 결합을 핵심 경쟁력으로 갖추고 있다. 이 외에도 많은 IT 기업이 UI^{User Interface} 같은 아날로그적 경험에 주목하는 반면, 전통적으로 장인의 기술을 중시해온 광학 기업은 디지털 기술을 통해 변신을 모색하는 분위기다.

바로 이 같은 변화의 흐름 속에서 각각의 산업이 그에 속한 기업들에게 어떠한 경쟁력을 요구하고 있는지 힌트를 얻을 수 있을 것이다.

예술계의 트렌드를 이끄는 크리스티 코드

신형원

간혹 유명 예술품이나 사회 저명인사의 유품이 경매에서 고가로 낙찰되었다는 소식을 듣게 된다. 세기의 배우 엘리자베스 테일러가 2011년 3월에 타계하자 그 얼마 후 그녀의 보석과 드레스가 경매에 붙여져 엄청난 가격에 낙찰된 바 있다.

역대 최고 경매 금액을 자랑하는 경매품으로는 피카소의 작품이 가장 많다고 하는데, 그중 〈누드, 녹색 잎 그리고 흉상〉이라는 작품은 2010년 1억 640만 달러에 거래되었다. 이처럼 세계적 명성을 얻은 작가의 작품이 경매에서 낙찰될 경우, 경매회사가 가져가는 수수료는 12~25%라고 한다. 피카소의 이 작품을 경매에서 성사시킨 기업이 바로 세계 1위의 경매회사 크리스티 Christie's 이다.

경매시장의 또 다른 강자 소더비Sotheby's에 밀려 만년 2위였던 크리스티는 2000년부터 업계 1위로 도약한 뒤 현재까지 그 위치를 확고히 지키고 있다. 2010년 한 해만 해도 크리스티가 경매로 판 예술품 금액이 무려 50억 달러를 기록했다.[6] 크리스티가 최근 몇 년 사이 급속 성장을 일궈낸 비결은 무엇인지 알아보자.

경매회사의 핵심 자산, '스페셜리스트'

첫 번째 비결은 크리스티의 철저한 인재 관리다. 경매회사의 경쟁력은 첨단 기술이나 거대 설비에 있지 않다. 그보다는 고객을 더 많이 확보한 '스페셜리스트'가 핵심 자산이다. 아무리 훌륭한 작품을 소장한 수집가라 해도 예술품 가격을 직접 산정하기는 어렵기 때문에 작품 평가와 판매를 책임지는 스페셜리스트에게 예술품 거래를 의존할 수밖에 없다. 따라서 경매회사는 많은 고객으로부터 신뢰를 얻은 스페셜리스트, 즉 핵심 인재를 얼마나 확보했느냐에 성과가 크게 좌우될 수밖에 없다.

그렇다면 크리스티의 인재관리 원칙은 무엇일까? 크리스티의 CEO를 지낸 에드워드 돌먼Edward Dolman은 이와 관련해서 한마디로 "밖에서 스카우트해 오지 않고 안에서 키우는 데 중점을 둔다"라고 말한 바 있다. 크리스티는 경매회사 중에선 유일하게 학부와 대학원 과정을 회사 내부에 개설하고 있고, 또 뉴욕과 런던에서 이론과 실무를 겸비한 교육으로 스페셜리스트를 양성한다.

돌먼 자신도 24세 때 크리스티에 입사해 처음에는 가구 부서에서 잡역부로 일했지만, 곧 가구 분야 전문교육을 받아 스페셜리스트가 되었다. 이후 고속승진을 해서 불과 39세 때 회장직을 맡았다. 돌먼은 "전공이나 학벌은 중요하지 않다. 예술에 대한 열정만 있으면 족하다"라고 강조한 바 있다.[7]

작품 이면의 숨은 '스토리'에 주목하다

크리스티의 두 번째 비결은 '스토리를 발굴하는 힘'이다. 크리스티는 단순히 '작품'만 팔지 않는다. 오히려 '스토리'를 판다. 고미술품부터 자동차, 인형, 심지어 타이타닉호의 구명조끼까지, 크리스티는 취급하는 모든 경매물품에 숱한 사연을 담아냈다.

예를 들어 마릴린 먼로가 1962년 존 F. 케네디의 생일파티 때 입었다는 드레스는 예상 낙찰가인 1만 5,000달러의 100배가 넘는 126만 달러에 팔렸다. 케네디 대통령과 마릴린 먼로가 어떤 관계였는지 그 실상은 모르지만 사람들은 아

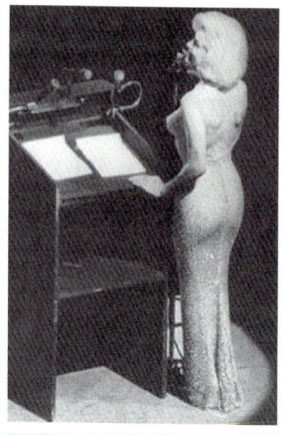

크리스티는 마릴린 먼로가 무대 위에서 케네디 대통령을 향해 〈Happy Birthday Mr. President〉를 불렀을 때 입은 드레스를 소개해 126만 달러에 팔았다.
자료 : wikipedia

직도 둘을 엮어서 이야기하기를 좋아한다. 크리스티는 바로 그런 대중적 관심사에 주목해, 먼로가 이 드레스를 입고 케네디 대통령을 향해 〈Happy Birthday Mr. President〉를 부른 장면을 자세히 소개하는 기지를 발휘했다.

또한 크리스티는 어느 유명인사가 작품을 소장했는지도 중요한 스토리로 삼는다. 유명인사가 소유했던 작품이라면 그 사람이 작품의 가치를 인정했다는 뜻이 되기 때문에, 유명인사의 손을 거쳤다는 사실 자체가 작품의 값을 높이는 길이 되는 것이다. 혹 이들 유명인사가 사망하거나 파산 또는 이혼하면 작품이 매물로 나오는 경우가 많기 때문에, 크리스티는 그런 경우를 특히 예의주시한다. 그러므로 '고객관리 리스트'에 세계적 유명인사를 가장 많이 올려놓은 기업을 꼽

으라면 단연 크리스티가 첫째일 것이다. 제품에 스토리를 담으라는 주문은 요즘에야 마케팅 측면에서 자주 듣게 되는 이야기지만, 세계 제일의 경매회사 크리스티는 이미 예전부터 이를 실행해온 것이다.

현재의 트렌드를 파악하는 척도가 되라

세 번째 비결은 크리스티의 독보적인 '명성 관리' 기술에서 찾을 수 있다. 경매회사는 업종의 속성상 자칫 예술품을 통해 수수료만 챙기는 속물기업 이미지로 전락하기 쉽다. 그러나 크리스티는 '예술계의 트렌드를 이끌어가는 기업'이라는 이미지를 더 강하게 풍긴다. 그것은 어떻게 가능했을까?

크리스티는 그림, 조각, 가구 등 80개가 넘는 분야에서 연대기별로 전문지식을 축적해놓고 있다. 또 한편에서는 작품을 좀 더 비싸게 팔 수 있는 지역을 고르기 위해 세계 32개국에 흩어진 50여 개 지사 사무실에서 꼼꼼한 시장조사를 실시하고 이를 서로 공유한다.

한마디로 말해 크리스티는 작품에 대한 전문지식과 시장수요에 대한 정보를 모두 확보해 "크리스티의 감정가는 그 어느 곳보다 정확하다"라는 평가를 받는다. 결국 어떤 예술품에 대해 크리스티가 가격을 매기면, 그 밖의 다른 딜러나 수집가들도 이를 기준으로 같은 작가의 다른 작품, 나아가 동시대 작품이나 같은 화풍에 대한 현재의 트렌드를 파악할 수 있게 된다. 크리스티가 예술계 전반에 일종의 척도를 제공하는 셈이다.

크리스티는 세계 5개 대도시에서 자사의 소장 예술품을 전시하는 갤러리를 운영하며, 이 장소를 고가에 렌탈해주기도 한다. 사회 고위급 인사와 접촉을 유지하는 것 역시 크리스티의 품위 유지에 매우 중요한 요소이다. 바로 이런 점에서 알 수 있듯이 크리스티의 한결같은 원칙은 "우리는 판매를 통한 이익보다 명성을 더 중요시한다"라는 점이다. 창립 후 250여 년간 크리스티는 변치 않는 신뢰를 쌓아왔고, 그에 따른 명성이 얼마나 중요한지를 누구보다 잘 알고 있다.

내부 인재 육성, 스토리 있는 작품 발굴, 명성 관리, 이 세 가지가 오늘날의 크리스티를 있게 한 원동력이다. 잘 들여다보면 크리스티가 지닌 업業의 독특한 성격과 어우러지는 강점이라 할 수 있겠다.

사실 예술품을 좋아하는 사람에게 세계 최고의 작품을 내 손으로 다루고 작품 수장고를 마음껏 드나들며 감상할 수 있는 특권이 주어지는 한, 그 회사에 들어가려는 열정적 스페셜리스트 지원자는 끊이지 않을 것이다. 따라서 크리스티 입장에서는 이들을 체계적으로 '육성'하는 것이 가장 중요할 터이다.

　또 예술작품이란 애초 정해진 가격이 없기 때문에 작품에 담긴 스토리가 가격에 매우 민감한 영향을 미칠 수밖에 없고 이는 곧 크리스티의 수수료 수익으로 이어질 것이다. 하지만 이 모든 것은 '최고'라는 명성이 기저에 깔렸을 때 선순환의 위력을 발휘한다. 그런 의미에서 크리스티는 경매라는 업의 특성과 현재의 지위를 제대로 활용할 줄 아는 기업임에 틀림없다.

최고가 아니면 만들지 않는다, 벤츠

김현한

세계 최초로 가솔린 자동차를 개발한 회사는 어디일까? 바로 120년 넘는 역사와 전통을 자랑하는 자동차 브랜드 메르세데스 벤츠Mercedes Benz이다. 벤츠는 1886년 1월 29일 세계 최초의 가솔린 자동차 벤츠 페이턴트 모터카Benz Patent Motor Car를 특허 등록하고 자동차 기술의 새 역사를 열었다.

"최고가 아니면 만들지 않는다"라는 창업 이념에 따라 현재까지 벤츠는 선도적 기술력으로 '업계 최초'라는 타이틀을 무수히 따냈다. 디젤 엔진을 자동차에 장착한 것부터 ABS Anti-lock Braking System, 에어백, ESP Electronic Stability Program, 세라믹 브레이크 C-Brake 등 자동차업계의 혁신 역사는 모두 벤츠가 써냈다고 해도 과언이 아니다. 항상 최고를 달리는 벤츠의 성공전략은 구체적으로 무엇일까?

'안전'만 연구하는 전담부서를 두다

자동차 소비자들이 가장 중요하게 고려하는 것은 무엇보다 '안전'과 '성능'이다. 이러한 핵심역량 부문에서 벤츠는 타의 추종을 불허하는 경쟁력을 갖추었다. 특히 1930년대 중반에 이미 '승객의 안전'만을 연구하는 전담부서를 두었을 정도로 안전장비 개발에서 앞서 나갔다.

1930년대 말 강화측면보호대와 안전도어잠금장치를 개발했고, 1951년에는 충돌사고 때 엔진이 밑으로 밀려나 승객이 부상을 입지 않도록 하는 '안전 차체'를 개발해 특허를 냈다. 안전벨트도 1959년 벤츠가 처음 사용한 것이며, 차량 충돌 테스트 역시 같은 해에 세계 최초로 벤츠가 실시했다. 현재 차량 충돌 테스트 때 벤츠의 운전자가 받는 충격은 범퍼가 받는 충격의 10%에 불과하다고 하는데, 벤츠 자동차는 앞 범퍼와 트렁크가 고스란히 충격을 흡수하도록 설계되었기 때문이다.

속도를 비롯한 성능의 우수성도 벤츠 자동차를 말할 때 빼놓을 수 없다. 비행기가 시속 200km의 벽을 뛰어넘은 것이 1913년인데, 벤츠는 이미 1911년에 시속 200km 속도를 돌파했다. 다시 말해 1911년에는 비행기보다 벤츠 자동차가 더 빨랐다는 이야기다. 스피드에 대한 적응력이 뛰어난 것도 벤츠의 핵심역량이었다.

'이노베이션 스튜디오'에서 나오는 창의적 혁신문화

벤츠는 혁신기술 개발을 위해 꾸준히 공을 들였다. 대표적인 예가 '이노베이션 스튜디오' 운영이다. 벤츠는 이노베이션 스튜디오에서 "10년 후 자동차는 어떤 모습일까?", "100년 후의 자동차는?", "안락함을 극대화한 2020년의 자동차 모습은?" 등을 주제로 새로운 아이디어를 개발하는 워크숍을 1년에 약 70회 개최한다.[8] 전문인력 위주로 아이디어를 내는 기존 자동차업계의 연구개발 방식을 과감히 폐기하고, 연구개발 관련 인력뿐만 아니라 일반 소비자와 철학자, 사회학자, 심리학자 등 다른 분야의 학계 관계자까지 광범위하게 워크숍에 참여시킨 것도 특징이다.

직업과 성별, 연령에 관계없이 뒤섞인 참가자들이 7~8명씩 조를 이루어 아이디어를 짜는데, 무차별적으로 적어낸 아이디어가 어느 정도 축적되면 그 다음에는 분류 작업을 통해 부문별로 아이디어를 정리하는 방식으로 워크숍이 진행된다.

사실 이노베이션 스튜디오에서는 기상천외한 방법으로 자동차 관련 아이디어를 창출한다. 참가자들은 프로그램 시작에 맞춰 한 손에는 펜, 다른 한 손에는 메모지 다발을 쥐고 원을 그리며 책상 주변을 맴돈다. 배경음악도 흘러나오는데 레게에서 댄스, 클래식까지 다채롭다. 참가자들은 시시때때로 변하는 운율에 맞춰 춤추듯 걸으면서 아이디어가 생각날 때마다 메모지에 적어 테이블 위에 올려놓는다. 음악이 흐른지 수십 분이 지나면 참가자들이 써낸 크고 작은 아이디어 종이가 수북이 쌓인다.

이노베이션 스튜디오의 독특한 워크숍을 통해 벤츠는 2016년 양산할 차에 적용할 아이디어를 이미 2009년에 획득해둔 상태라고 한다.[9] 이렇듯 벤츠는 베스트 아이디어를 가려내고 이를 최적의 수준으로 끌어올리기 위한 창의적인 문화와 프로세스가 정립되어 있다. 혁신을 위한 만반의 준비를 갖추고 있는 셈이다.

고객이 만드는 자동차, '레드 버튼 시스템'

'고객과의 지속적 소통'도 벤츠의 명성을 일군 일등공신이다. 고객들의 생활을 편리하게 만들어주는 기술 자체는 벤츠

연구진에게서 탄생하지만 그 완성은 고객에 의해 이루어지는 시스템을 갖춘 것이다. 한마디로 벤츠 자동차는 고객 피드백을 통해 더욱 완벽해진다고 할 수 있다.

대표적 예가 '레드 버튼 red button 시스템'이다. 벤츠의 R&D에 참여하는 독일 내 소비자 2,000여 명을 대상으로, 일상생활을 하다가 자동차와 관련된 아이디어가 떠오르면 자기 차에 달린 붉은색 버튼을 누르도록 한 것이다. 그러면 곧바로 벤츠의 고객리서치센터로 화상전화가 연결되고, 소비자는 실시간으로 자신의 아이디어나 불편사항을 말할 수 있다. 이들 소비자의 제안은 그 즉시 벤츠 내의 연구진에게 전달되어 검토 대상이 된다.

산업을 선도하는 기업에는 한결같이 '끝없는 혁신'이라는 공통 비결이 숨어 있다. 사실 창업보다는 수성이 어려운 만큼, 애써 쌓은 명성을 이어나가려면 끊임없는 노력 외에는 달리 방법이 없다. 혁신적 아이디어를 발굴하고 관리함으로써 미래의 활용 가능성에 대비하고 고객의 피드백과 반응을 꾸준히 체크해 고객의 이용가치를 극대화하는 노력이야말로 선도기업의 필수 조건이다.

'최고'라는 자리를 지키기 위해 연구개발 문화까지 뒤집어버리는 벤츠의 노력, 그것이야말로 벤츠가 고객들에게 오래도록 사랑받는 비법이 아닐까.

무한도전의 승부사, 에스티 로더

김근영

평소 화장품에 관심이 없는 사람이라도 '에스티 로더^{Estée} ^{Lauder}'라는 브랜드는 어디선가 들어봤을 것이다. 사실 에스티 로더는 단순한 화장품 명칭이 아니다. 스킨케어와 메이크업은 물론 향수와 헤어케어에 이르는 다양한 제품을 생산하며 하위 브랜드를 27개나 거느린 종합화장품 기업의 이름이다. 크리니크, 아베다, 바비 브라운 같은 유수 브랜드가 모두 에스티 로더 그룹 소속이다.

　에스티 로더 그룹의 2011년 매출액은 88억 달러, 영업이익은 10억 9,000만 달러에 달한다. 그중 해외시장에서 거두어들이는 매출이 62%에 달하는 글로벌기업으로, 1946년 설립 이래 50여 년간 꾸준한 성장을 이어왔다.[10]

평범한 가정주부였던 에스티 로더 여사가 시작한 조그만 화장품 가게를 전 세계에 걸쳐 3만여 명의 임직원을 거느린 글로벌 코즈메틱 그룹으로 성장시킨 요인은 무엇일까?

미용실 한구석에서 시작한 화장품 사업

에스티 로더 사의 창업자인 에스티 로더는 1908년 뉴욕 빈민가의 가난한 이민자 가정에서 태어났다. 아홉 남매 중 막내로 태어난 그녀는 집안이 가난해 고등학교도 제대로 졸업하지 못했다.

그러던 어느 날 집에 외숙부가 찾아왔고, 그는 에스티 로더의 아버지가 운영하던 철물점 뒤편 허름한 마구간에서 화장품을 만들어 팔았다. 에스티 로더는 외숙부가 만든 화장품을 친구나 지인에게 소개했고 때로는 자신이 직접 메이크업을 해주기도 했다. 외숙부에게서 화장품 제조법을 배운 그녀는 결혼 후 자기 스스로 화장품을 개발했다.

하지만 개발 초기에는 판매가 쉽지 않았다. 에스티 로더가 자신의 화장품을 본격적으로 팔기 시작한 곳은 자그마한 미용실 한구석이었다. 에스티 로더는 미용실에서 머리에 컬 클립curl clip을 만 채 건조기에 앉아 있는 여성들에게 다가가 자신이 만든 크림을 무료로 발라보지 않겠느냐고 권했다.

그런데 이런 접근 방식이 고객들로부터 뜻밖에 좋은 반응을 얻었다. 마침내 미용실 주인이 가게 안에 숍인숍shop in shop 형태로 매장을 차릴 의향이 있느냐고 제안하였고, 이를 계기로 거대한 기업 에스티 로더가 문을 열게 된다. 본격적인 도약이 시작된 것이다.

백화점 바닥에 향수를 쏟다

창업자 에스티 로더가 화장품 사업에 관심을 갖기 시작한 1930년대는 여성의 사회참여가 막 활성화되던 시기였다. 사무실이나 백화점에 일자리를 얻은 그 시대 여성들은 자신의 외모를 꾸미고 싶어했다. 이에 에스티 로더는 머지않아 화장품이 사치품이 아니라 여성 필수품이 되리라는 점을 직감했다.

게다가 전쟁과 대공황이 미국을 휩쓰는 와중에도 여성들이 화장품 구입에는 계속 돈을 쓴다는 사실도 눈여겨보았다. 제2차 세계대전 중에도 미국의 화장품 소비는 25%나 증가했던 것이다.¹¹ 당장은 화장품산업이 걸음마 단계에 불과할지 몰라도, 나중에는 무한한 성장이 예견되는 시장이라고 그녀는 확신했다.

에스티 로더 사는 초기에는 상류층을 타깃으로 하는 '고급화' 전략을 구사했다. 하지만 이 전략을 구사하기에는 가진 게 너무 없었다. 직접 미용실을 열거나 광고를 할 만큼 자금이 충분치 않았고, 경쟁자들과 비교하면 인지도도 낮은 편이었다.

로더가 내린 결론은 삭스 Saks Fifth Avenue나 니만 마커스 Neiman Marcus, 마셜 필즈 Marshall Field's 같은, 상류층 여성들이 드나드는 최고급 백화점에 입점해야 한다는 것이었다. 하지만 이들 백화점의 콧대 높은 바이어들이 이제 막 사업을 시작한 에스티 로더 사의 제품을 상대해줄 리 만무했다.

로더는 100번 넘게 삭스 백화점 문을 두드렸지만 입점을 허락받지는 못했다. 그녀는 작심하고 화장품 샘플을 만들어 백화점 앞에서 나눠주었다. 그러자 샘플을 사용해본 고객들이 하나 둘 백화점에서 에스티 로더 화장품을 살 수 있는 곳을 묻기 시작했다. 에스티 로더 화장품으로 큰 효과를 본 고객 중에는 여드름 증세가 심했던 삭스 백화점 중역의 딸도 있었다고 한다.¹² 이런 과정을 거쳐 마침내 에스티 로더 사는 백화점에 입점할 기회를 잡을 수 있었다.

파리의 유서 깊은 백화점 갤러리 라파예트 Galeries Lafayette에 입점하게 된 사연도 흥미롭다. 바이어와의 면담 요청조차 거절당한 로더는 기지를 발휘했다. 실수를 가장해 '유스 듀 Youth Dew'라는 향수를 백화점 바닥에 쏟음으로써 지나가던 고객들에게 자연스럽게 향수가 노출되도록 만든 것이다. 이번에도 바이어의 결정이 아닌, 에스티 로더 제품의 향기에 매료된 고객들의 문의와 요청으로 입점이 성사되었다.

매력적인 '무료 샘플' 전략과 끝없는 R&D 투자

로더가 선택한 또 하나의 과감한 승부수는 바로 앞서 언급한 무료 샘플 전략이다. 요즘이야 화장품 하나에도 몇 개의 샘플을 끼워주는 게 당연하지만, 당시만 해도 이는 매우 획기적인 마케팅 수단이었다. 그러나 알고 보면 이 역시 로더의 궁여지책이었다.

당시 에스티 로더 사의 경쟁사인 레블론Revlon은 수천만 달러에 달하는 재정적 여유 자금이 있었던 데 반해, 에스티 로더 사는 고작 5만 달러를 광고비에 쓸 수 있는 정도였다. 자금 상황이 취약한 에스티 로더 사는 심지어 광고 에이전시로부터도 거절을 당했다. 그래서 로더는 광고를 내보내는 대신 구매 증정품으로 립스틱과 아이섀도 샘플을 고객에게 나눠준 것이다.

당시로선 흔치 않던 '무료' 증정품을 받으려고 많은 고객이 매장을 찾았고, 에스티 로더 사는 무료임에도 불구하고 최상 품질의 최신 샘플만 제공함으로써 고객들의 신뢰를 얻을 수 있었다. 그리고 이 고객들이 자발적 홍보전도사로 나

서줌으로써 에스티 로더 사의 인지도는 점점 올라갔다.

　무엇보다 에스티 로더 사는 '기초과학' 회사라고 할 만큼 R&D 투자에 매진했다. 에스티 로더는 연구실에 200명이 넘는 과학자들을 보유하고 있고, 전 세계 60여 개 대학 연구소와 손잡고 제품을 개발하고 있다.[13] 이들 연구원은 제품을 '적기에' 시장에 내놓기 위해 제조기술과 용기 디자인 등에 관한 아이디어가 나오는 대로 미리미리 개발해둔다. 그래서 아직 시장에 나오지는 않았지만 언제라도 선보일 수 있는 제품이 약 350개에 이른다고 한다. 이런 꾸준한 R&D 투자 덕분에 에스티 로더 사는 우수한 품질의 제품을 끊임없이 생산해낼 수 있었던 것이다.

에스티 로더 사의 성공 이면에는 어려운 여건을 맨손으로 극복해낸 한 여성의 지독한 '헝그리 정신'이 숨어 있다. 하지만 그녀가 단순히 의지만으로 성공할 수 있었던 것은 아니다. 시대의 변화를 읽는 통찰력에 고객과 함께 호흡하며 현장의 목소리를 경청하려는 노력이 더해질 때, 비로소 그 '무형의 의지'는 '유형의 성과'로 바뀌어 우리 앞에 놓이는 것이다. 이젠 고인이 되었지만, 에스티 로더는 1998년 《타임》이 뽑은 '20세기 가장 영향력 있는 천재 경영인 20명'에 선정된 바 있다.

역전을 허용치 않는 '승리의 이름', 나이키

김상범

나이 든 세대나 젊은 세대나 '운동화' 하면 '나이키Nike'를 가장 먼저 떠올린다. 그런 나이키답게 2010년 9월 말에는 아주 기쁜 일이 생겼다. 나이키 주가가 사상 최고치인 81.4달러를 기록하는 기염을 토한 것이다(2012년 현재 110.69달러). 당시 업계 전문가들은 그것이 나이키의 놀라운 성장력 덕분이라는 분석을 내놓았다.

실제로 1980년에 매출 2.7억 달러이던 나이키는 30년이 지난 2010년에는 매출 190억 달러를 달성하며 연평균 15.2% 성장률을 기록했다. 또한 시장점유율도 업계 2위의 2배에 달하는 31%대를 유지하고 있다.[14] 1980년대에 경쟁사 리복Reebok의 추격을 뿌리치며 글로벌 1위로 등극한 이래 지금까지 단 한 번도 역전을 허용하지 않은 나이키, 대체 그 비결은 무엇일까?

신발 밑창까지 디자인의 대상으로 삼다

나이키의 성공비결은 첫째, '디자인' 하면 '나이키'라는 말이 절로 떠오르는 공식에 있다. 1980년대에 나이키는 경쟁사 리복의 급성장으로 경영위기에 봉착한 적이 있다. 가파르게 성장하던 매출은 정체되었고, 일부 시장에서 과도한 마케팅 비용을 쓴 탓에 적자를 걱정해야 할 지경이었다. 이때 나이키가 위기를 탈출한 방법은 무엇이었을까? 뜻밖에도 나이키는 디자인 혁신을 통해 절체절명의 위기를 극복한다.

혁신의 주인공은 1987년에 출시된 에어맥스Air Max다. 에어맥스는 업계 최초로 노출형 에어쿠션을 장착한 신발이다. 그때까지 신발 밑창은 디자인의 대상이 아니었다. 신발 밑창은 쉽게 지저분해지므로 가능한 한 숨기는 것이 오히려 디자인에 도움이 된다는 생각이었다. 그러나 나이키는 기존의 이런 발상을 뒤집어 신발 밑창에 질소를 주입한 비닐 튜브를 부착하며 노출시켰다.

에어맥스에 대한 소비자의 반응은 뜨거웠다. 무엇보다도 그 기능을 소비자가 직접 눈으로 확인할 수 있다는 점에서 크게 어필했다. 1년 후 나이키는 리복을 완전히 제압하고 20%를 웃도는 매출성장률을 기록한다.

나이키가 단행한 디자인 혁신의 구심점은 바로 현 CEO 마크 파커Mark Parker가 설립한 디자인복합센터다. 스포츠·기술·예술의 결합을 모토로 삼아, 디자이너뿐만 아니라 물리학자와 운동선수 등 다방면의 인재가 여기 모인다. 사실 마크 파커 자신도 마라톤 선수 출신으로서 디자인복합센터 책임자를 역임한 바 있다. 그는 CEO인 지금도 모든 제품의 디자인 개발에 일일이 관여한다.

디자인복합센터는 첫 번째 히트 상품인 에어맥스 이후에도 순백색 '에어포스Air Force' 등을 내놓으며 나이키의 혁신적 디자인을 대표하는 곳으로 자리매김했다.

끝없는 변신, 운동화에 IT 기술을 입히다

둘째, '끊임없는 사업 포트폴리오 혁신' 역시 나이키의 지속적 고성장을 도운 힘이다. 나이키는 2000년대 초 기능성 운동용품 산업이 성숙기에 접어들자 사업을 공격적으로 확장했다. 2002년에는 힙합 의류업체 헐리Hurley International를, 2003년에는 캐주얼 운동화 업체 컨버스Converse를, 2004년에는 유니폼 업체 팀 스타터Team Starter를 인수하는 등 지속적으

2006년 나이키는 운동화에 IT 기술을 접목한다. CEO 마크 파커가 애플의 스티브 잡스를 직접 찾아가 공동 개발을 제안하여, MP3 기능과 함께 운동화에 부착된 센서를 통해 운동 거리나 칼로리 소모량까지 측정하는 '나이키+아이팟'이 탄생했다.
자료 : http://www.nike.com

로 M&A를 추진했다.

또 농구화와 운동셔츠 등 운동용품은 운동할 때만 사용한다는 고정관념에서 탈피해 이를 일상생활에서도 멋지게 착용할 수 있는 패션상품으로 변모시켰다. 그 결과, 2001년 연평균 4.8%이던 매출성장률이 2004년 14.5%까지 높아지면서 현재까지도 높은 성장세를 유지할 수 있는 초석을 마련했다.[15]

2006년에는 IT 기술을 접목한 신규 사업 영역에도 진출했다. CEO 마크 파커가 애플의 스티브 잡스를 직접 찾아가 '나이키+아이팟'을 공동 개발하자고 건의한 것이다. 사실 나이키는 이미 필립스와 협력해 제품을 출시한 유사한 경험이 있지만 그때는 시장 반응이 별로였다. 새로운 반전을 기대하는 나이키에게 애플은 최고의 적임자였다.

그리하여 MP3 기능과 더불어, 운동화에 부착된 센서를 통해 운동거리나 칼로리 소모량 등을 측정하는 '나이키+아이팟'이 탄생했다. 현재 '나이키+아이팟'이 확보한 충성고객은 약 300만 명으로 추정되며, 이 아이디어로 나이키는 IT와 결합된 운동용품 영역에서도 우위를 점할 수 있게 되었다.

잘못에 대해서도 거침없이 솔직하게!

셋째, 나이키는 리스크가 찾아왔을 때도 솔직하게, 심지어 파격적으로 대처했다. 사실 운동용품 제조업은 협력업체에 대한 착취나 작업공간의 환경오염 등 불미스런 일이 발생하기 쉬운 업종이다. 나이키 역시 그와 관련해 위기를 맞은 적이 있다. 대표적 사건이 2000년 초 하청업체들을 중심으로 나온 양심선언이다. 이에 대해 나이키는 "자사의 치부를 솔직하게 고백한다"라는 선택을 내렸다.

2005년에 발간한 〈기업책임 보고서 Corporate Response Report〉를 보면 나이키는 700여 개가 넘는 하청업체와 계약했는데, 30% 이상의 하청 공장에서 언어적·육체적 학대가 발생했다는 사실이 적혀 있다. 또 25% 이상의 하청 공장에서 주당 60시간 이상의 노동이 진행된 사실도 인정했다. 이 모든 사실을 털어놓은 뒤 나이키는 '좋은 기업'으로 다시 태어나겠다고 약속한다.

그 조치는 1차 하청업체는 물론이고 2차, 3차 협력업체까지 그 상호와 연락처를 자사 홈페이지에 공개하는 것이었다. 시민단체나 지역단체 등이 나이키와 그 협력업체를 관찰하고 감시할 수 있도록 적극 지원한 것이다. 대부분의 기업이 협력업체 관련 정보를 기밀사항으로 분류한다는 점을 감안할 때 나이키의 이러한 선택은 업계의 기대수준을 뛰어넘는 파격적인 조치였다.

아울러 나이키는 작업공간의 환경오염을 미연에 방지하기 위해 150여 단계에 걸친 전체 제작공정의 효율성·유해성·안정성을 계량화한 '환경지표'를 개발해 IT 시스템화를 완료했다. 나이키 임직원은 누구나 이 시스템에 접속해 자유로이 그 내용을 열람할 수 있는데, 무엇보다 중요한 것은 이 시스템을 통해 위험요인을 사전에 파악할 수 있게 되었다는 점이다.

다시 말해 이 시스템을 통해 내가 디자인한 제품이 실제로 생산될 경우에 발생하는 환경오염 물질의 종류와 양을 미리 예측할 수 있는 것이다. 직원들 한 사람 한 사람이 보다 적극적으로 리스크를 관리하고 대응할 수 있는 역량을 갖추게 되었다는 의미다.

나이키는 지난 30년간 제품 디자인을 끊임없이 혁신하고, 사업 포트폴리오를 그때그때 새로 조정했다. 더불어 기업의 생존을 결정짓는 리스크요인까지 철두철미하게 관리했다. 연평균 15%가 넘는 성장세를 30년간 지속하고 싶다면, 혹은 그 이상을 원한다면, 나이키의 이 세 가지 비결을 참고해야 할 것이다.

100년 브랜드 로레알의 성공비결

이동훈

지금으로부터 100여 년 전, 프랑스의 한 미용사가 파리 대학교 화학과를 찾아갔다. 무슨 사연일까? 당시 파리 여성들 사이에선 머리 염색이 크게 유행했지만, 제대로 된 염색약이 없어 염색한 지 얼마 되지도 않아 금세 물이 빠져버렸다. 미용사로서는 더 좋은 염색약이 필요했고, 그러려면 이를 개발해줄 화학자가 필요했던 것이다.

하지만 화학자들은 백이면 백, 미용사의 제의를 거절했다. 화학자가 고작 염색약이나 개발할 수는 없다는 것이 이유였다. 미용사가 모든 걸 포기하고 돌아서려는 순간, 마침내 한 화학자가 나섰다. "그 염색약, 내가 한번 개발해보겠습니다."

그가 바로 유젠 슈엘러Eugene Schueller, 로레알L'Oréal 그룹의 창립자다. 이후 그는 자신의 10평짜리 아파트의 침실을 실험실로 삼아 '로레알'이라는 이름의 염색약을 개발했으며, 이렇게 시작한 로레알 그룹이 오늘날에는 거대한 화장품 제국으로 성장한 것이다.

현재 로레알 그룹은 약 500개의 브랜드를 거느리고 있는데 그중 25개가 글로벌 브랜드다. 우리나라에는 17개 브랜드가 수입되고 있는데, 잘 알려진 랑콤, 비오템, 바디샵, 메이블린 등이 모두 로레알 소속이다. 로레알 그룹의 이 놀라운 브랜드파워는 어디서 나온 것일까?

화장품은 과학이다

로레알의 브랜드파워는, 우선 제품 경쟁력에서 비롯된다. 많은 화장품업체가 마케팅에서 승부수를 던질 때 로레알은 확연히 다른 노선을 걸었다. "이미지나 패키지로 승부하던 시대는 끝났다. 화장품은 이제 인간의 노화를 늦추고 건강하게 만드는 제품을 개발하기 위해 과학기술에 투자해야 한다." 로레알 CEO 장 폴 아공Jean-Paul Agon이 표방한 로레알의 변치 않는 철학이다.[16]

물론 여기에는 대규모 R&D 투자가 수반되고, 당연히 많은 비용이 든다. 지난 20여 년 동안 로레알은 총매출의 5%를 무조건 연구개발에 투자한다는 원칙에 따라 실제로 연구개발에 막대한 금액을 투입해왔다고 한다. 또한 로레알 파리 본사에 근무하는 연구인력이 로레알 파리의 생산현장에서 일하는 근로자보다도 그 수가 많을 정도라고 한다.

사실 화장품 분야에서 획기적 기술개발을 기대하기란 쉬운 일이 아니다. 그런데도 로레알은 제품의 질을 근본적으로 한 단계씩 높이는 연구에 집중해왔다. 세계적 금융투자회사 메릴린치Merrill Lynch의 한 애널리스트는 이미 예전에 "화장품 업계에서는 제품의 흐름이 가장 중요하며, 로레알의 강점은 R&D 투자와 신제품 출시 사이의 기간이 짧다는 것이다"라고 평가한 바 있다.[17]

실제로 로레알 그룹의 핵심 전략은 '과학적 연구를 통한 혁신'이다. 리차드 생베르Richard Cymberg 로레알코리아 사장은 "연구혁신R&I은 로레알 그룹의 DNA"라고 강조하며 "2011년 한 해에 613건의 특허를 출원했는데 이는 전 세계 1위 수준"이라고 밝혔다.[18]

'대결의 방'이 만드는 소통력

로레알의 100년 브랜드파워를 만든 둘째 요인은 '소통력'이다. 이를 잘 보여주는 사례는 이른바 '대결의 방'에서 찾아낼 수 있다. 로레알에서는 중요한 의사결정을 내릴 때 집행위원회만이 아니라 직급이 낮은 직원들까지 다 함께 '대결의 방'이라고 이름 붙인 회의실에 모여 열띤 토론을 벌인다. 로레알의 발전을 위해 계급장 떼고 끝장토론을 한다는 이야기다. 이는 로레알이 고위 집행위원회의 경륜과 통찰력도 중요시하지만, 시장 변화에 민감한 하위 직원들의 현실적 시각 또한 충분히 인정한다는 의미다.

더욱이 대결의 방은 훌륭한 전략가를 양성하는 인큐베이터 역할도 한다. 젊은 직원들이 기업의 사활이 걸린 문제를 놓고 집행위원회와 치열하게 논의하다 보면 어느새 노련한 전략가로 성장하게 마련이라는 것이다.

카멜레온 전략 : 차별화된 제품, 차별화하는 마케팅

로레알의 성공과 브랜드파워를 만든 마지막 요인은 그 이름도 독특한 '카멜레온' 전략이다. 로레알은 가격, 유통경로, 타깃 소비자를 각각 차별화한 탄탄한 제품 포트폴리오를 구성하기로 유명하다.

예를 들어 백화점이나 면세점 등 엄선된 유통망에서만 구입할 수 있는 프리미엄급 제품으로서 랑콤과 비오템이 있고, 화장품 전문점이나 슈퍼마켓에서만 판매되는 합리적 가격의 대중 브랜드인 로레알 파리나 메이블린 뉴욕이 있다. 또 케라스타즈, 레드켄 등 미용실에서만 판매되는 전문가용 제품도 별도로 있고, 약국 전용 화장품으로 비쉬와 라로슈포제 등을 내놓고 있다.

로레알은 이러한 제품라인을 가지고 각 나라에 진출하기 전 시장조사에만 몇 년을 투자한다. 그 나라의 화장품 점포와 미용실 수까지 셀 정도로 치밀한 조사를 실시한 다음에야 자사 브랜드 중 해당 시장에 가장 적절한 제품군을 선별해 출시한다. 이런 방식으로 각국 고객들이 부족하다고 느끼던 틈새시장을 정확히 공략하는 한편, 한 시장에서 로레알 그룹 제품 간에 불필요한 경쟁이 일어나지 않도록 하거나 최소화한다.

또한 로레알은 마케팅에서도 로컬시장 소비자의 특성에 맞춘 이벤트를 여는 등 차별화를 기한다. 예컨대 로레알의 친환경 기능성 화장품 브랜드인 키엘은 까다로운 한국 고객을 만족시키기 위해 사용 후 구매하는 'Try it before Buy' 정책을 구사했으며, 첫 구매고객에게 셰릴 비탈리^{Cheryl Vitali} 키엘 사장이 직접 감사편지를 써 보내는 등 스킨십 마케팅을 펼치기도 했다. 그뿐 아니라 한국에서 남성 고객층을 확대하고자 매장에 모터사이클을 전시하는 등 남성을 고려한 인테리어를 보강하기도 했다.

이처럼 로컬시장의 개별 특성에 맞추어 로레알이라는 브랜드를 사뭇 다르게 구사하는 전략, 이것이 이른바 '카멜레온' 전략이며, 이런 전략이 바로 로레알이 "글로벌 마케팅의 교과서"라는 평가를 받으며 시장에서 승승장구하는 이유이다.[19]

어찌 보면 로레알은 그저 기본에 충실할 뿐인 듯하다. 결국 거대기업의 성공비결이라는 것도 누구나 아는 평범한 진리 속에 들어 있다는 이야기다. 하지만 이를 실천하지 못하기 때문에 성공에도 이르지 못하는 게 아닐까. 아는 것보다 중요한 것은 실행하는 것 doing by learning 이다. 현재 우리에게 가장 절실한 것도 그 '실행력'이다.

고객을 한없이 높이는 명품 중의 명품, 에르메스

이민훈

2010년 11월 국내에 번역 출간된 《에르메스 길들이기》는 '에르메스Hermès' 제품 되팔기로 큰돈을 번 경험을 담아 화제가 된 책이다. 돈이 없어 살길이 막막하던 저자 마이클 토넬로Michael Tonello가 자기 물건을 이베이 경매에 내놓았는데, 특히 에르메스의 버킨백Birkin bag으로 개당 5,000달러 이윤을 남겼다는 이야기다.

에르메스의 CEO 패트릭 토머스Patrick Thomas는 에르메스의 성공비결을 묻는 언론과의 인터뷰 때마다 "에르메스 제품이 잘 팔리는 건 소비가 아니라 투자이기 때문"이라고 강조해서 말해왔다.[20] 중고품이 구매가격보다도 비싸게 팔리는 명품 에르메스, 과연 그 매력은 무엇일까?

"아무에게나 팔지 않는다"

프랑스 명품의 철저한 장인정신과 희소성을 논할 때 가장 먼저 등장하는 명품 에르메스는 다른 명품 브랜드들조차 선망하는 명품이다. 1837년 피혁공이던 티에리 에르메스Thierry Hermès가 설립한 에르메스는 원래 왕실과 귀족들에게 말안장과 마구용품을 공급하던 회사였다. 이후 교통수단 발달로 자동차가 마차를 대신하자, 여행가방과 여성용 핸드백 등으로 취급 품목을 바꾸며 패션명품 브랜드로 거듭났다.

에르메스는 "아무에게나 팔지 않는다"라는 남다른 판매 전략을 갖고 있다. 《에르메스 길들이기》의 저자 토넬로는 바로 그 점을 간파했다. 토넬로에게 많은 돈을 벌어준 버킨백은 크기, 가죽, 색깔에 따라 1,000만 원대부터 수억 원대에 이르는 에르메스의 대표 상품인데, 품질관리가 워낙 엄격해서 한 해에 100개만 한정 생산하는 것으로 유명하다. 다시 말해 1년에 단 100명만 그 물건을 가질 수 있다는 이야기다. 결국 이 버킨백을 얻으려면 오랜 시간을 기다리는 수밖에 없다. 그런데 토넬로는 돈이 있어도 사기 어려운 이 버킨백을 100개 넘게 갖고 있었다. 어떻게 이런 일이 가능했을까?[21]

먼저 그는 에르메스 제품을 착용하고 매장을 방문했다. 그리고 예술품을 대하듯 제품들을 세심히 감상한 뒤 스카프 같은 소품을 구입했다. 그러고는 얼마 뒤 다시 매장을 찾아가 "어머니의 생일입니다" 하고 이야기하면, 직원들은 어김없이 따로 보관해둔 버킨백을 내왔다는 것이다. 에르메스는 이처럼 자사 제품의 예술성에 공감하며 정성을 보이는 고객에게만 특별한 제품을 내놓는다는 이야기다.

자기 제품의 가치를 스스로 먼저 소중히 여기는 에르메스의 특별한 자부심과 고집이 고객들도 에르메스를 소중히 여기게끔 만드는 것이다. 그래서 고객들은 길게는 몇 년 동안이나 제품을 기다리면서도 불평 한마디 하지 않는다.

비어 있는 주인 자리는 바로 고객의 몫!

그렇다고 해서 에르메스가 고객 위에 군림하는 것은 결코 아니다. 대부분의 명품 브랜드는 자기만의 독보성을 강조하기 위해 고객보다 브랜드를 더 높이는 경향이 있다. 그러다 보니 브랜드를 광고할 때 "더할 수 없는 가치", "절대적 아름다움" 같은 말로 표현한다. 하지만 에르메스는 겸손하게 자신을 낮추고 고객을 최고의 자리로 높인다.

무엇보다도 에르메스의 로고에서 그러한 철학이 잘 드러난다. 'HERMÈS'라는 브랜드네임 위에 그림을 새긴 그들의 로고는, 프랑스의 화가 알프레드 드 드뢰Alfred de Dreux의 석판화를 본뜬 것이다. 그림에선 우아한 마차와 말, 마부가 등장

에르메스의 로고는 자신을 낮추고 고객을 높이는 에르메스의 철학을 그대로 보여준다. 마차의 비어 있는 의자는 고객을 위한 자리다.

하는데, 이상하게도 마차 의자는 비어 있다. 바로 이 빈자리가 고객에 대한 에르메스의 생각을 보여준다. 에르메스는 최고의 수준을 갖추되 고삐를 조정하는 주인은 고객이고, 그래서 그 자리는 늘 비워둔다는 뜻이다.

고객을 회사의 주인으로 높이는 에르메스의 정신은 제품에 더 큰 정성을 들이도록 만들었다. 그들은 최상의 상품을 만들어 고객에게 바친다는 원칙을 갖고 있기 때문에 그에 따른 희생도 기꺼이 감수한다. 보통 생산라인을 자동화해 4~5분에 하나씩 완제품을 내는 경쟁사들과 달리, 아무리 힘들어도 18시간 수작업을 거치는 전통을 지키는 것이다.[22]

또한 애프터서비스도 확실하다. 에르메스는 고객이 수선을 맡기면 구입한 지 수십 년이 지났다 해도, 가방을 만든 장인이 직접 수선한다. 더 놀라운 것은 가죽을 연도별·색상별·종류별로 보관해두었다가 수선 요청이 들어오면 해당 제품이 제작된 연도와 가장 비슷한 시기에 생산된 가죽을 사용한다는 사실이다.

이렇게 작은 부분에서도 최상을 추구하기 때문에 에르메스는 대다수 명품보다 한 수 위에 있다는 평가를 받는다.

"아무것도 바꾸지 않기 위해 모든 것을 바꾼다"

에르메스가 특별한 또 하나의 이유는 그들의 끊임없는 재창조 정신에 있다. 에르메스는 "아무것도 바꾸지 않기 위해 모든 것을 바꾼다"라는, 창의성에 기초한 모토를 갖고 있으며 실제로 계속해서 새로운 사업에 뛰어들어 수익을 창출한다.

세계 왕실과 귀족들에게 마구용품을 공급하던 회사에서 패션명품 브랜드로 변신하는 데 성공한 에르메스는 최근에는 인테리어와 디자인 분야로도 사업을 확장하고 있다. 이탈리아 유명 요트업체 '디바'와 제휴하는 등 요트 · 헬리콥터 · 자동차 인테리어 프로젝트를 진행하고 있다. 2011년 봄부터는 가구시장에도 본격적으로 진출해 VVIP의 특별 니즈에 맞춤화하고 있다. 에르메스는 마차 의자와 패션백 등을 만든 경험이 있고 가죽을 다루는 데도 독보적 역량을 갖추었기 때문에 고품격 인테리어 산업을 자사가 새로 진출하기에 가장 적절한 영역으로 판단한 것이다.

이 외에도 중국 부유층의 개인주택 인테리어 사업, 일본 고객의 스페셜 오더 목걸이 제작 사업 등 앞으로는 '단 한 사

람을 위한 제품'도 만들 계획임을 밝혔다. 그러자 벌써부터 세계 곳곳에서 러브콜이 빗발치고 있다.[23]

에르메스의 CEO 패트릭 토머스는 "기업을 지켜주는 최고의 보호장치는 매력적인 상품을 만들어 고객을 꿈꾸게 하는 것"이라고 말한다.[24] 제품에 대해 무한한 자부심을 갖되 고객을 한없이 높이는 에르메스, 지금 이 순간에도 더 넓은 영역으로 사업을 확대해가는 170년 역사의 에르메스를 생각하면, 과연 우리는 변화무쌍한 비즈니스 환경에서 우리 기업을 지켜줄 고객을 어떻게 대하고 있는지 다시 한 번 점검해보게 된다.

모바일 시대의 새로운 대세, ARM

최병삼

우리가 사용하는 PC 안에 인텔이 설계하고 생산한 프로세서가 들어간다는 것은 익히 알려진 사실이다. 그러나 휴대폰 같은 모바일 기기에 들어가는 반도체 칩의 상황은 좀 다르다. 생산은 여러 반도체 업체가 하지만, 설계는 'ARM'이라는 영국의 반도체 설계 전문업체가 거의 독점하기 때문이다. 2010년 출시된 전 세계 휴대폰의 90% 이상이 ARM의 칩을 탑재했을 정도다.

비단 모바일 기기만 그런 게 아니다. 우리가 사용하는 대부분의 디지털 기기에도 프로세서가 들어가는데 그 개수는 2010년 약 214억 개였고, 놀랍게도 그중 ARM이 설계한 것이 61억 개나 된다.[25]

PC나 서버용 시장에서 강세인 인텔이 약 3억 개 프로세서를 출시하는 것과 비교하면 프로세서 분야에서 ARM의 영향력이 얼마나 큰지 짐작할 수 있다. 그래서 혹자는 "이제 윈텔Window+Intel의 시대는 가고 '갬Google+ARM' 또는 '암드로이드ARM+Android'의 시대가 오고 있다"라고 말하기도 한다.

　이런 성과에 힘입어 ARM의 매출도 2000년 이후 연평균 15%씩 성장했는데, 이는 업계 평균 7%를 훌쩍 넘어서는 수준이다. 2010년만 해도 매출 6억 3,000만 달러, 영업이익률 40%를 기록했다.[26] ARM은 어떻게 프로세서시장에서 이토록 두각을 나타낼 수 있었을까?

인텔의 시대는 가고 ARM의 시대가 오다

　첫째, ARM은 고객이 꼭 필요로 하는 기술, 즉 모바일 기기에 최적화된 기술을 제공했다. 지금의 회사명인 ARM은 초기에 회사명으로 썼던 'Advanced RISC Machines'의 머리글자를 딴 것인데, 그 이름에서 알 수 있듯이 이 회사의 핵심 기술은 바로 'RISCreduced instruction set computer'라는 프로세서 설계 기술이다.

　인텔 등이 사용하는 기존의 CISC complex instruction set computer 기술은 프로세서가 수행하는 각각의 작업을 하나의 명령어로 처리하는 방식이다. 그러다 보니 명령어가 복잡하고 개수도 많아진다. 반면 RISC 기술은 명령어가 단순하고 개수도 적은 대신에 하나의 작업을 여러 개의 명령어로 처리한다.

CISC와 RISC 중 어느 것이 더 우수한 기술인지는 전문가들 사이에서도 여전히 논란이 있지만, 분명한 것은 명령어가 간단한 RISC 방식을 채택하면 프로세서에 들어가는 트랜지스터 수를 줄일 수 있어 프로세서 설계가 단순해진다는 점이다. 결국 프로세서의 가격을 낮출 수 있고 전력소비량과 열 발생량도 줄여준다는 이야기다.

바로 이런 점이 미래 모바일시장의 니즈에 딱 들어맞았다. 1990년대 초 휴대용 정보단말기 개발을 위해 전력소비량이 적은 프로세서를 찾던 애플은 ARM 프로세서의 잠재력을 처음으로 포착했다. 그리고 1990년대 후반 노키아까지 ARM 제품을 채택하면서 ARM은 기업 성장에 날개를 달게 된다.[27]

고객사와 상생하는 비즈니스 모델

둘째, ARM은 산업 지형도의 변화에 발맞추어 고객사와 상생하는 비즈니스 모델을 설계했다. 최근의 프로세서시장은 메모리 관리나 통신 등 부가 기능을 더해 하나의 칩[SoC]으로 만드는 것이 추세다. 그런데 이를 개발하려면 천문학적 비용이 들어가기 때문에 특정 기업이 모든 과정을 전담하기는 어렵다. 그래서 자연스럽게 칩의 설계와 제조가 분업화되는 경향이 뚜렷해졌다.

이런 분위기를 읽어낸 ARM은 자사 업의 범위를 반도체 칩의 핵심인 '프로세서 설계'로 한정하는 영리함을 발휘했다. ARM이 그렇게 치고 나가자, 다른 반도체 기업들은 자연스레 반도체 칩의 나머지 부분을 설계하게 되었고, 이를 반도체 제조 전문기업이 위탁 생산하게 된 것이다.

ARM은 각각의 반도체업체들이 자체 개발할 때보다 저렴한 비용으로 프로세서 설계도를 제공받도록 함으로써 결과적으로는 고객사인 다른 반도체업체와 상생하는 전략을 채택했다. 한 기업이 개발한 프로세서를 다수 기업이 공통으로 사용하므로 고객사가 각자 개발하는 것보다 비용이나 시간 측면에서 유리했기 때문이다.

한번 설계되면 20년 이상 활용

ARM이 두각을 나타낸 셋째 요인은 지식자산의 특성을 잘 활용해 안정적인 수익구조를 구축한 데 있다. ARM의 수익구조는 계약 시에 일시불로 라이선스 사용료를 받고 이후 칩 가격의 1%를 추가 로열티로 받는 방식이다. 따라서 ARM이

2~3년간 연구개발을 위해 투입한 비용은 라이선스 사용료로 초기에 회수할 수 있고, 고객사가 3~4년간 반도체 칩을 제조해서 출시하면 이때부터는 로열티 수입이 발생하기 때문에 매우 안정적인 수익모델을 갖추는 셈이다. 프로세서와 같은 지식자산은 한번 설계되면 길게는 20년 이상 활용되기 때문에, 새로운 프로세서 개발에 투입할 재원과 장기적 수익원을 안정적으로 확보할 수 있게 된다.

앞으로도 ARM의 선전은 계속될 것으로 보인다. 반도체의 사용자인 기기업체들이 반도체 기업에 ARM 칩을 채택해줄 것을 요구하는 등 ARM이 사실상 업계표준으로 인정받는 상황이기 때문이다.

또한 모든 기기가 디지털화되고 인터넷에 연결되는 추세여서 향후 프로세서시장의 수요는 2010년의 214억 개에서 2015년 336억 개로 한층 확대될 전망이다.[28] 모바일 기기의 부상이 전력소비량과 열 발생량이 적은 기술을 보유한 ARM에 기회가 되었듯이 TV, 가전, 자동차 등으로 다양화되는 프로세서시장은 기기별로 최적의 기술을 제공하는 기업에 새로운 기회가 될 것이 분명하다.

운동기구업계의 히든 챔피언, 테크노짐

이준환

연초가 되면 사람들이 가장 많이 세우는 새해 계획 중 하나가 '운동'일 것이다. 결심은 쉽지만 실천은 어려운 것이 바로 운동, 그러나 그 필요성은 성인병이 만연한 요즘 누구나 공감하지 않을 수 없다. 이러한 니즈를 채워주는 기업으로, '운동기구업계의 혁신아'라고 불리는 기업을 소개한다. 바로 테크노짐^{Technogym}이다.

다소 생소한 브랜드일 수도 있지만, 몰라서 그렇지 우리가 피트니스클럽에서 사용하는 운동기구도 테크노짐일 가능성이 높다. 실제로 전 세계 3만 5,000여 개의 피트니스센터에서 약 2,000만 명이 테크노짐이 만든 기구에서 땀을 흘리고 있으니까 말이다.[29] 테크노짐은 2000년 시드니올림픽을 시작으로 2012년 런던올림픽까지 2000년대 이후에 열린 올림픽에서 네 번 연속 공식 납품업체로 선정되어 유명세를 치르기도 했다.

숨어 있던 강자, 테크노짐

테크노짐은 1983년 이탈리아의 작은 마을 세세나의 한 창고에서 당시 22세에 불과하던 젊은 디자이너 네리오 알레산드리Nerio Alessandri가 설립한 회사다. 그 후 30여 년이 지난 오늘날 이 회사는 매출 4억 유로(2011년 말 기준)에 2,000여 명 임직원을 보유한 세계 3대 운동기구업체로 성장했다.[30]

더욱 놀라운 것은 매출의 90%가 이탈리아 국내가 아닌 해외 100여 개국에서 발생한다는 사실이다. 독일의 대표적 경영컨설턴트 헤르만 지몬Hermann Simon 교수가 이 회사를 두고 '히든 챔피언'이라고 극찬할 만하다.[31] 테크노짐의 단기간 급성장 비결은 대체 무엇일까?

첫 번째 비결은 업의 개념을 선제적으로 재정립한 데 있다. 테크노짐이 설립되던 1980년대로 돌아가 생각해보자. 당시만 해도 운동기구란 '보디빌딩'처럼 보통 사람과는 별 상관이 없는 말이었다. 즉 남성들이 체격을 키우고 근육을 만들기 위해 필요한 역기와 아령 등이 운동기구의 대부분을 차지했다.

그런데 세상은 변하고 있었다. 소득이 향상되고 건강과 몸매에 대한 관심이 높아지면서 여성과 노약자까지 피트니스의 필요성을 느끼게 된 것이다. 그러자 관련 산업의 니즈도 기존의 보디빌딩 개념에서 균형 잡힌 건강한 신체를 중시하는 피트니스 개념으로 이동하기 시작했다. 테크노짐은 바로 이 시장에 주목했다.

한발 앞선 차별화, '피트니스'에서 '웰니스'로!

1990년대 들어 다른 업체들 또한 피트니스 운동기구시장에 속속 진입했다. 하지만 테크노짐은 이들과 경쟁하기보다는 새로운 트렌드를 선보이며 오히려 한발 더 나아간다.

테크노짐이 꺼낸 첫 번째 카드는 바로 '피트니스fitness'에서도 진일보한 개념인 '웰니스wellness'다. 피트니스가 남녀노소의 균형 잡힌 신체를 강조했다면, 웰니스는 단순히 체력만이 아닌 정신이나 심리, 영양 측면까지 고려하는 토털 건강을 강조한 것이었다.

테크노짐은 이런 생각을 운동기구에 접목해 기존 제품과 서비스를 업그레이드하며 차별화를 추구했다. 예컨대 심장박동기, 공기정화 및 아로마 기능 등을 탑재한 운동기구와,

테크노짐은 피트니스에서 진일보한 개념인 '웰니스'로 다른 업체들보다 한발 앞서 나갔다. CEO 네리오 알레산드리는 운동기구의 개념을 좀 더 즐겁고 쉽게 운동하도록 돕는 것으로 바꾼 점이 테크노짐 전략의 주요 포인트였다고 말한다.
자료 : http://www.technogym.com

일대일 맞춤운동을 원하는 고객들을 위한 퍼스널트레이너 방문 서비스 프로그램을 도입했다.

1998년부터는 시장주도권을 강화하고자 건강 전문 잡지, 《웰니스 매거진》을 창간해 전 세계 30개국에서 발행함으로써 일반인은 물론이고, 전문 트레이너들에게도 자사의 운동 철학을 확산해나갔다.

이에 대해 CEO 네리오 알레산드리 Nerio Alessandri 는 "나 역시 단순한 운동기구가 지겨워져서 직접 운동기구를 만든 것이다. 운동기구의 개념을 좀 더 즐겁고 쉽게 운동하도록 돕는 것으로 바꾼 점이 테크노짐 전략의 주요 포인트였다"라고 말한다.[32]

첨단 기술을 적용해 '즐거운 운동'을 선사하다

두 번째로, '테크노technology'와 '짐gymnasium'의 만남을 선도한 업체 역시 테크노짐이었다. 운동기구에 웬 첨단 기술이냐며 의아해할 수도 있겠지만, 테크노짐은 철제 운동기구가 즐비하던 곳을 첨단기술의 구현장으로 변모시켰다.

테크노짐의 이런 특징은 직원 구성을 봐도 알 수 있다. 전체 직원 2,000여 명 중 15%가 R&D 인력인데, 이는 웬만한 IT 기업과 맞먹는 비중이다. 그것도 전자공학자나 소프트웨어 전문가 같은 엔지니어만이 아니라 의사나 생체정보전문가, 운동전문가 등 분야도 매우 다양하다.[33]

이들을 통해 테크노짐은 기존에는 생각도 하지 못했던 새로운 운동기구를 계속해서 선보일 수 있었다. 1986년 출시한 '유니카Unica'는 업계 최초로 하나의 운동기구를 가지고 25가지 전신운동이 가능하도록 만든 것인데, 처음 나왔을 당시 엄청난 센세이션을 일으키며 업계에 존재감을 확실히 알렸다.

이 외에도 수많은 운동기구가 테크노짐에 의해 새로 개발되었다. 여성들을 타깃으로 만든 '스테퍼' 역시 1987년 테크노짐이 처음 출시한 제품이다. 또 요즘이야 러닝머신을 하면서 TV를 보는 게 너무도 자연스러운 일이 되었지만, 이 아이디어를 처음 도입해 개발한 회사도 테크노짐이다. 최근에는 다양한 애플리케이션을 다운받아 즐길 수 있는 러닝머신까지 선보였다.

　이런 한발 앞선 아이디어와 기술은 R&D에 대한 아낌없는 투자와 새로움에 대한 끝없는 갈망의 결과라고 할 수 있다.

피트니스센터를 넘어 '가정'으로!

테크노짐의 도전은 끝이 없었다. 테크노짐은 '피트니스센터에만 있는 운동기구'라는 인식에서 벗어나, 가정으로까지 고객 범위를 확장했다. 운동은 야외나 피트니스클럽에서 해야 한다는 고정관념을 깨뜨린 것이다.

　2006년 테크노짐은 이탈리아의 유명 가구·건축 디자이너인 안토니오 치테리오 Antonio Citterio 와 손잡고 '키네시스 퍼스널 Kinesis Personal'이라는 제품라인을 출시했다. 운동기구와 가구·건축 디자이너…… 과연 어떤 접점이 있을까 의문이 들 것이다.

　키네시스 퍼스널은 한마디로 가정용 운동기구다. 일상이 바빠 피트니스클럽까지 가기 힘든 전문직 종사자나 재택근무자들의 니즈에 주목한 것이다. 그런데 이 시장을 공략하려면 반드시 넘어야 할 벽이 있었다. 운동기구가 가정의 인테리어에서 불편스러운 짐으로 전락하지 않아야 한다는 점이다. 우리 모두 한 번쯤 그런 경험이 있지 않은가. 큰맘 먹고

테크노짐은 운동기구에 가구 개념을 접목했다. 테크노짐의 제품라인 중 '키네시스 퍼스널'은 사각형 패널 형태에 손잡이, 케이블, 무게추 등으로 구성된 벽걸이형 운동기구로, 200여 가지 동작이 가능하다.
자료 : http://www.technogym.com

러닝머신을 거실에 들여놓았건만 결국 빨래건조대로 전락하고 마는……. 부피가 큰 데다 집안의 다른 물건들과 잘 어울리지 않아 골칫거리가 되기 십상인 것이다. 그런데 만약 역기를 들여놓는다면? 상황은 최악이다.

그래서 테크노짐은 운동기구에 가구 개념을 접목했다. 키네시스 퍼스널은 사각형 패널 형태에 손잡이, 케이블, 무게추 등으로 구성된 벽걸이형 운동기구인데, 기구를 조합하면 무려 200여 가지 동작이 가능하다. 한마디로 만능 운동기구인 셈이다.

더욱이 자리를 별로 차지하지 않으면서 집안 인테리어와도 잘 어울려 세련된 멋을 내도록 만들었다. 키네시스 퍼스널은 2007년 세계적 가구 전시회인 'IMM 쾰른^{Cologne}'에서 '인테리어 이노베이션 어워드'를 수상했을 정도로 탁월한 디자인을 자랑한다. 가구전시회에서 운동기구가 상을 받은 것이다.

경쟁자들이 피트니스클럽, 기업체, 호텔 등 기존의 B2B 시장에서 이전투구를 벌이는 동안 테크노짐은 운동기구에 가구 개념을 접목해 새로운 B2C시장을 개척했다. 바로 이러한 역발상이 테크노짐의 세 번째 성공비결이다.

변화를 주도하기 위한 창조와 혁신의 노력을 경주한 테크노짐, 치열한 경쟁시장에서 벗어나기 위해 신사업 구상으로 머리가 아파올 때 떠올려보면 신선한 영감으로 머리를 맑게 해줄 유용한 사례가 아닌가 생각된다.

주변에서 주역으로! 로지텍의 성공행진

신형원

전 세계 마우스시장에서 점유율 1위 기업이 로지텍이라는 것쯤은 이젠 꽤 알려진 사실이다. 로지텍Logitech International S. A.은 마우스나 키보드처럼 컴퓨터와 사람을 이어주는 인터페이스 기기를 생산하는 업체다.

그런데 이 시장은 좀 독특한 데가 있다. 마음만 먹으면 얼마든지 초저가의 싼 제품을 만들 수 있지만, 한편으로는 예민한 인간의 감각을 정밀하게 반영해야 하는 초고가의 마니아용 제품을 만들어 판다는 야누스적 특징이 있다. 이렇게 '초저가'와 '초고가'로 양분되기 쉬운 시장에서 로지텍은 어떤 노선을 선택했을까?

바로 그 중간에 해당하는 품질과 가격으로 고속성장을

이루었다. 단순히 컴퓨터 주변기기 제조 회사에 머물지 않는, 어느새 컴퓨터업계의 주역으로 떠오른 로지텍의 성공가도를 따라 달려가보자.

시장을 읽어내는 선견지명

로지텍의 성공요인으로 우선 꼽을 수 있는 것은 '시장에 대한 선견력'이다. 로지텍의 창업자 다니엘 보렐Daniel Borel은 1970년대 말 미국의 스탠퍼드 대학에서 마우스를 이용해 인터넷의 전신인 ARPA-NET을 서핑하는 학생들을 보았고, 그 순간 이 기기의 장점에 깊이 매료되었다.

고국 스위스로 돌아온 보렐은 1981년 로지텍을 설립했고, 그의 비즈니스 아이디어는 적중했다. 1982년 처음 선보인 P4 마우스가 시장에서 큰 반향을 일으킨 것이다. 네모난 나무로 만들어진 최초의 마우스와는 달리, 잡기 편하도록 동그란 몸체와 3개의 버튼을 지닌 마우스였던 P4는 당시 PC 전문가들 사이에서 흥미를 끌기에 충분했다.

이후 1984년 HP와 OEM 계약을 성사시키며 로지텍은 세간에 모습을 드러내기 시작한다. 1987년에는 애플과 OEM 계약을 맺었고, 1989년에는 당시 세계 최대의 컴퓨터 회사이던 IBM과도 OEM 계약을 체결하면서, 이윽고 마우스시장을

평정하게 된다.[34]

사실 마우스가 처음 개발된 건 1960년대였다. 하지만 당시에는 별 성장세를 보이지 않다가 1983년 마이크로소프트 사가 자사의 워드프로세서 프로그램과 마우스가 호환되도록 하고 1984년에는 애플도 그래픽 유저 인터페이스를 가진 매킨토시를 출시하면서, 마우스시장은 본격 성장하기 시작한다.

만일 로지텍이 시장 개화보다 너무 앞서 창업했다거나 뒤늦게 시장에 진입했다면 오늘날의 로지텍은 없었을지도 모른다. 그때만 해도 '마우스'는 그저 일부 전문가들만 사용하는 것이라고 여겨졌지만, 보렐은 조만간 그것이 컴퓨터의 대중화 바람에 실려 거대한 시장을 형성하리라 예측한 것이다. 그리고 예측은 적중했다.

마우스시장의 트랜스포머? 놀라운 변신력!

둘째, 로지텍은 환경변화에도 놀랍게 적응하는 변신력을 보였다. 특히 1990년대 들어서 로지텍은 큰 변화를 시도하는데, 바로 소매시장에 진출한 것이다. 당시 마이크로소프트 사가 윈도우 3.0을 출시하면서 마우스시장은 폭발적 성장가도로 올라선다. 이 윈도우 3.0이 그래픽 유저 인터페이스를 사용하면서 마우스로 PC를 조작하는 시대가 본격적으로 개막되었다. 그런데 이런 변화는 로지텍에 예기치 못한 상황을 안겼다. PC 제조업체들이 로지텍이 아닌, 중국의 저가 마우스를 선택한 것이다. 왜일까?

당시 개인 소비자들은 컴퓨터 구매 시 CPU와 램의 성능에만 관심을 두었지 마우스나 키보드에는 별 비중을 두지 않았다. 그러니 PC 제조업체 입장에선 값이 상대적으로 비싼 로지텍 제품을 선택할 이유가 전혀 없었던 것이다.

뜻밖의 상황이 발생하자 로지텍은 그간의 OEM 의존 방식에서 벗어나는 전술을 택했다. 즉 로지텍이라는 자사 브랜드파워를 키워 일반 소비자에게 직접 판매하는 B2C시장으로 눈을 돌려 전력을 다한 것이다.

사실 로지텍은 엔지니어링에 기반을 둔 기술 중심 중소기업이었다. 개발 초창기만 해도 마우스는 정교한 기술을 요구하는 분야였기 때문에, 혹자는 로지텍의 성공을 두고 "스위스 특유의 정밀함에서 비롯된 것"이라고 평했을 정도다.

그러나 시장이 커지고 마우스 기술이 범용화해 기업 규모 또한 성장을 거듭하면서 일반 소비자를 대상으로 한 마케팅의 필요성을 로지텍도 절감하게 되었다. 이러한 판단에 따라 로지텍은 마케팅 및 판매 부서를 신설해 100여 개 나라에서 판매점을 운영했다. 그 결과 2011년 기준으로 전체 매출의 85%가 B2C시장에서 발생하고 있으니,[35] 로지텍의 변신술이 매우 성공적이었다고 말할 수 있다.

스스로 '황금알 낳는 거위'를 죽이다!

로지텍의 성공가도에서 발견할 수 있는 셋째 비결은 '기술의 진화'를 곧 추격자를 따돌릴 기회로 삼았다는 점이다. 보통 기술의 진화는 후발자에게 좀 더 유리하게 작용하는 경우가 많다. 선발자가 기존 제품의 성공에 취해 혁신을 게을리 할 때 신기술이 개발되면 후발자에게 그 기회가 열리기 때문이다. 하지만 로지텍은 기술의 진화를 오히려 선도하면서 새로운 기술이 시장에서 자리 잡을 때마다 후발자와의 격차를 더욱 벌렸다.

예컨대 1998년 로지텍이 출시한 무선 마우스와 키보드 세트는 책상 위의 지저분한 전선을 치우고 싶어하는 소비자의 마음을 제대로 읽은 아이템이었다. 또 2004년 출시한 무선 레이저 마우스는 독특한 디자인과 대대적 마케팅으로 젊은 세대가 꼭 갖고 싶어하는 물건으로 떠올랐다. 사실 그것을 실제로 사용해본 사람들 사이에선 마우스의 반응속도가 느리다는 등 이런저런 불만도 있었지만, 이 제품이 보여준 선도적 기술이 로지텍이라는 브랜드를 널리 알리는 데 일조했다는 점만은 분명하다.

이 밖에도 로지텍은 1998년에 웹캠을 내놓았고, 게임 컨트롤러 등에서도 앞선 기술과 디자인을 과시하면서 저가의 후발기업들과는 확실히 차별화된 위상을 갖게 된다.

그런데 로지텍의 지속적인 혁신제품 출시는 단지 기술개발 능력 덕분만은 아니다. 현재 충분히 캐시카우cash cow • 역할을 하는 제품이 있더라도 그것을 넘어서는 제품을 선제적으로 출시하려면 무엇보다 경영자의 결단과 기업의 철학이 바탕이 되어야 한다.

로지텍의 CEO 거리노 드 루카Guerrino De Luca는 그런 결단력을 지닌 인물이다. 그는 말한다. "우리는 황금알을 낳는 거위들을 시장이 죽일 때까지 기다리지 않고 스스로 죽여왔다." 그만큼 시장의 변화에 딱 반걸음 앞서는 제품을 제때 출시했다는 이야기다.[36]

로지텍은 수요가 증가할 시기를 정확히 예측해 시장에 진입했다. 또한 시장환경이 바뀌자 기술 기반 회사라는 정체성에도 불구하고 영업력에 비중을 두면서 체질을 바꿔 적응했다. 나아가 선제적으로 혁신제품을 출시하며 후발자와의 간격을 벌린 로지텍, 그 어떤 경쟁자도 깰 수 없는 강함과 단단

• 보스턴 컨설팅 그룹이 사업의 성장성과 수익성을 기준으로 나눈 네 가지 유형 중 하나로, 제품의 성장성은 낮으면서 수익성(점유율)이 높아 많은 이익을 창출해주는 사업을 지칭한다.

함을 지닌 기업이다.

오늘날 IT 소비자들은 기계와 인간 간의 보다 자연스러운 인터페이스에 많은 관심을 기울인다. 이는 로지텍에 기회이자 위기일 것이다. 애플과 마이크로소프트 같은 초대형 글로벌기업이 로지텍이 점유한 인터페이스 기기 시장에 큰 관심을 보일 터이기 때문이다.

이미 애플은 아이폰의 멀티터치 방식을 적용한 마우스를 출시했고, 마이크로소프트는 몇 달이나 사용 가능한 배터리를 장착한 무선 마우스를 출시했다. 게다가 스마트TV시장에서도 인터페이스는 중요한 역할을 할 것이므로, 로지텍을 비롯한 선진 글로벌기업 간에 치열한 경쟁이 벌어지리라 예상할 수 있다. 강하고 단단한 기업 로지텍이 이에 대응해 또 어떤 변화와 혁신을 이뤄낼지 주목되는 이유다.

SERICEO 실전경영 03

• "존 골트는 누구일까?" 룰루레몬의 재미난 성공 • 유아용품계의 슈퍼스타, 스토케 • 강력함과 섬세함으로 동시에 승부하다, 론카토 • 로고 하나 바꿨을 뿐인데? • 애플도 벤치마킹한 포시즌스 호텔의 서비스 미학 • 1년에 40억 병! 코카콜라에 도전한 레드 불 • 톡톡 튀는 스토리의 승부사, 베네피트 • 따뜻한 기업, 자포스의 행복배달! • 왜 의료기 회사 테루모에 주목하는가? • 트럭에 대한 새로운 생각, 스카니아 • 고객을 위한 최고의 천 원, 다이소

제2장
평범과 비범을 가르는 것은 작은 특별함이다

"존 골트는 누구일까?" 룰루레몬의 재미난 성공

이민훈

맥킨지 보고서 《불황 중의 산업 트렌드》를 보면, 불황기에 소비자들이 돈을 덜 쓰는 항목이 무엇인지 알 수 있다. 첫 번째는 외식이고, 두 번째는 '뷰티 및 맞춤 케어 상품', 그리고 여행과 의류가 그 뒤를 잇는다.[1]

우리가 아는 상식과 크게 다르지 않은 결과다. 소비심리가 위축되면 아무래도 외식보다는 직접 장을 봐서 요리를 하게 될 테고, 얼굴 화장을 할 때도 그 단계를 줄이거나 중저가 브랜드로 스위칭해서 지출을 낮추려 한다. 특히 의류는 '형편이 좀 나아지면 사지, 뭐' 하는 마음으로 구매를 절제하기가 비교적 쉽다.

그런데 의류산업에 속하면서도 이런 상식을 깨고 불황기

에도 대대적 히트를 기록한 기업이 있다. 연평균 매출 증가율이 무려 34%에 달하는 기업으로[2] 일명 '요가복의 샤넬'로 통하는 룰루레몬 애슬레티카 Lululemon Athletica 이다.

블루오션을 개척한 탁월한 포지셔닝

룰루레몬은 1988년 스키복과 스키장비 매장을 운영하던 데니스 칩 윌슨 Dennis Chip Wilson 에 의해 탄생했다. 이때만 해도 여성 전용 운동복이 따로 없었고, 남성용 운동복을 사이즈만 줄여 판매하던 시절이었다. 칩 윌슨은 여성 운동복, 특히 요가복시장이 비어 있다는 사실을 꿰뚫어봤다.

전통적으로 남성들이 주로 즐기는 스포츠는 스키였고, 스키복이야 남성복을 사이즈만 조절해 그 디자인 그대로 여성복으로 만들어도 별 문제가 없었지만, 때마침 붐이 일기 시작한 요가는 달랐다. 유연미를 중시하는 여성 주도적 스포츠인 요가에는 그에 맞는 여성 친화적 패션이 필요하다고 칩 윌슨은 판단했던 것이다.

아니나 다를까, 적당한 피트감에 스타일까지 가미된 룰루레몬의 여성 요가복은 단번에 여성 소비자의 마음을 사로잡았다. 캐나다에서 이룬 성공을 기반으로 2000년에는 미국에 진출했고, 2007년에는 토론토 주식시장과 미국 나스닥에 상장했다. 그렇게 해서 무려 3억 2,760만 달러의 자금이 모였는데, 이는 캐나다 주식 상장 사상 가장 큰 규모였고, 나스닥에서는 네 번째로 큰 규모였다.[3]

스포츠 의류에서 요가복만 따로 떼어낸 칩 윌슨의 틈새전략이 기막히게 들어맞은 것이다. 경쟁 없는 블루오션을 개척한 탁월한 포지셔닝에서 룰루레몬의 위대한 성공은 그 닻을 올린 셈이다.

불황이 오히려 기회, 더욱 공격적인 투자

룰루레몬의 성공스토리는 중단 없이 이어졌다. 미국에 진출한 뒤 회사 매출은 3배 이상 증가했다. 전 세계를 휩쓴 경기불황의 여파 속에서 이뤄낸 성과라 더욱더 놀라웠다. 경기침체가 지속되는 와중에도 매년 매출이 증가한 룰루레몬은 2010년 7억 1,000만 달러 매출을 올렸고, 2011년 3/4분기에도 전년 동기 대비 30%나 껑충 뛰어오른 2억 3,000만 달러 매출을 기록했다.[4]

전 CEO 밥 미어스Bob Meers는 오히려 불황 덕분에 호황기에는 엄두도 낼 수 없는 목 좋은 점포를 차지할 수 있고 개점비용도 현저히 낮출 수 있다면서 공격적 투자를 멈추지 않았다. 또한 현 CEO인 크리스틴 데이Christine Day 역시 "당장 오늘보다는 거대한 성장 가능성을 보고 투자한다"라는 룰루레몬의 경영원칙을 이어가고 있다. 건강관리와 스트레스 해소에 관심이 높은 소비자들로 인해 불황 중에도 헬스케어 비즈니스는 꾸준한 성장세를 이어간다는 사실을 놓치지 않았던 것이다. 이러한 판단과 자신감은 과연 적중했다. 룰루레몬은 《포춘》이 뽑은 '2011년 가장 빠르게 성장한 기업' 13위를 차지하는 쾌거를 거두었다.[5]

파파라치가 퍼뜨려준 '1마일 웨어'의 매력

불황기에도 공격적 투자를 계속할 수 있게 만드는 룰루레몬의 자신감은 어디서 나올까? 그것은 바로 룰루레몬이 만드는 요가복이 지닌, 거부할 수 없는 매력에서 나온다. 인터넷에 곧잘 돌아다니는 파파라치들의 할리우드 스타 사진을 보면, 일부러 꾸민 것 같진 않지만 은근한 멋이 느껴지는 그들의 옷차림에 눈이 간다. 사실 이들은 거의 모두 룰루레몬을 입고 있다. 어디를 가든 파파라치들이 대기 중이라는 사실을 누구보다 잘 아는 스타들이 자연스러운 일상복 패션으로 룰루레몬을 선택했기 때문이다. 물론 그렇다고 그들이 모두 요가를 즐기는 것은 아닌데도 말이다.

이런 옷을 보통 '1마일 웨어 1mile wear'라고 부른다. 집에서 1마일 정도 거리 범위 내에서 편하게 입고 다닐 수 있는 평상복이라는 뜻인데, 룰루레몬의 요가복이 그런 옷으로 인식되기 시작하면서 급속도로 인기를 얻은 것이다.

사실 룰루레몬은 자사 브랜드가 '요가'라는 스포츠에만 국한되지 않고 더 많은 소비자에게 일상적인 옷으로 어필되도록 제품의 정체성도 '요가복Yoga Apparel'에서 '요가풍의 옷 Yoga-Inspired Apparel'으로 바꿨다. 이렇게 넓은 의미에서 편안한 옷으로 개념을 확장한 결과, 연령대나 체형에 상관없이, 심지어 요가를 즐기지 않는 사람들까지 고객으로 확보할 수 있었다.

경쟁자들을 따돌린 룰루레몬만의 이색 철학

룰루레몬이 성공을 거두자 요가복시장에도 경쟁자들이 하나둘 등장하고 있다. 하지만 룰루레몬의 독보적인 아성을 따라가기는 힘든 상황인데, 그 이유는 무엇일까? 룰루레몬의 가방에 새겨진 한 줄의 문장에서 그 비밀을 읽을 수 있다. 그 문장은 바로 이것이다. "존 골트는 누구일까?"

1957년에 아인 랜드Ayn Rand가 발표한 미국 소설 《아틀라스Atlas Shrugged》에 나오는 이 짧은 문장에는 사실 룰루레몬의 경영철학이 함축되어 있다. 소설의 주인공 존 골트는 개인의 개성을 존중해야 한다는 생각을 상징하는 인물이다. 룰루레몬의 창업자 칩 윌슨은 이 소설에 큰 감명을 받아 "세상을 평범함에서 구하고 위대함으로 이끈다"라는 슬로건을 만들었다고 한다. 그는 평범한 사람들을 특별하게 만드는 제품을 내놓겠다는 일념으로 옷의 소재부터 기존의 제품 혹은 다른 회사와 완전히 차별화했다.

룰루레몬이 사용하는 대표적인 섬유 재질 루온은 나일론 86%에 라이크라 14%를 결합한 소재로 땀 흡수력과 탄력성, 원상회복력을 극대화해준다. 또한 은 이온을 첨가한 폴리에스터 소재 실버센트 역시 분비물의 살균과 항균을 도와주는 것으로, 룰루레몬 제품의 격을 한 단계 높여주는 소재다. 최근에는 사람들이 의류를 피부에 직접 닿는 화장품의 일종으로 인식한다. 이런 트렌드를 놓치지 않은 룰루레몬은 콩이나 대나무 추출 원료로 만든 오가닉 orginic 직물의 비중을 점차 늘려가면서 피부 건강에 민감한 여성들에게 좋은 반응을 얻었다.

'요가복'이 아니라 '요가의 의미'를 판다

평범한 사람들을 특별하게 해준다는 룰루레몬의 비결은 그들이 만들어낸 문화에서도 확연히 드러난다. 그것이 고객들

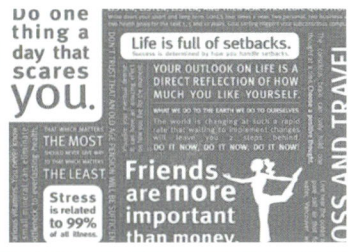

룰루레몬 매장은 보통의 의류매장과는 확실히 다른 모습이다. 일단 매장에 들어서면 유연한 요가 동작 그래픽들이 눈앞에 펼쳐진다. 벽면에는 룰루레몬의 신념이 담긴 문구("성공 추구는 모든 불행의 근원이다", "친구가 돈보다 중요하다")가 있어 흥미를 유발한다.

로부터 높은 충성도를 이끌어낸 원동력이기도 하다. 스타벅스가 단순히 커피를 파는 것이 아니라 커피를 매개로 한 즐거운 경험을 판매하는 것처럼, 룰루레몬 역시 요가복을 통해 '슬로 라이프solw life 트렌드'를 공유하는 문화체험을 제공하는 것이다.

요가 정신으로 무장한 룰루레몬의 매장을 한번 예로 들어보자. 여타의 의류매장과는 확실히 다른 모습의 룰루레몬 매장은 단순히 옷을 파는 곳이 아닌, 요가의 본질을 이해할 수 있는 공간으로 꾸며졌다. 일단 매장에 들어서면 유연한 요가 동작 그래픽들이 눈앞에 펼쳐진다. 벽면에선 룰루레몬의 신념이 담긴 문구들이 흥미를 유발한다.

"성공 추구는 모든 불행의 근원이다."

"인생은 실패로 가득 차 있다. 다만 실패를 어떻게 관리하는가에 따라 행복이 좌우된다."

"친구가 돈보다 중요하다."

언뜻 보기에는 의류매장답지 않은 엉뚱한 이야기처럼 느껴지지만 고객들은 이내 진정한 행복을 추구하는 요가의 정신에 관심을 기울이게 된다. 더욱이 매장의 전 직원이 일반 영업사원이 아닌 전문 요가강사와 현직 운동선수라는 점도 이색적이다. 점원이 곧 선생님이므로 '판매사원과 고객'이라는 단발성 거래관계를 뛰어넘어, '선생님과 제자'로서 지속적 교감을 나눌 수 있게 되는 것이다.

룰루레몬은 고객의 삶의 질을 높이는 데 신경 쓰는 만큼 직원 챙기기에도 여념이 없다. 월급 수준과 복지 혜택이 동종 업계 최고이고, '과로 없는 일터' 개념을 늘 강조한다. 회사에 대한 충성심이 높아진 매장 매니저들은 각지에서 '요가 커뮤니티'를 형성하고 2010년부터는 무료 요가 강좌 이벤트도 전 세계에 걸쳐 개최하고 있다. 그 흔한 광고나 판촉 행사 없이도 룰루레몬이 세계적인 요가 전문 브랜드로 성장할 수 있었던 배경에는 바로 이런 경영철학이 깔려 있다.[6]

또다시 찾아온 세계경제 침체 속에서 룰루레몬이 그 성장세를 계속 이어갈지는 좀 더 지켜봐야 할 문제지만, 룰루레몬의 고객과 직원들의 행복은 어쨌든 지켜지지 않을까 기대하게 된다. 그 행복이야말로 룰루레몬이 이룬 뛰어난 경제적 성과 못지않게 값진 열매가 아닐까?

유아용품계의 슈퍼스타, 스토케

홍선영

한 대에 200만 원이 넘는 유모차가 있다. 이렇게 높은 가격에도 불구하고 '모든 엄마의 로망'으로 자리 잡으며 선풍적 인기를 끈 놀라운 제품이다. 미국 시사주간지 《타임》이 2004년 가장 위대한 발명품 중 하나로 선정한 유모차, 바로 '유모차계의 벤츠'라고 불리는 스토케Stokke 사의 유모차다.[7]

스토케는 1932년 게오르그 스토케Georg Stokke가 설립한 가족기업으로, 3대째 업을 이어오고 있다. 버스 의자를 만드는 회사로 출발해 현재는 유아용 의자와 침대, 유모차 등을 생산하며 세계적인 유아용품 기업으로 자리매김했다. 세계에서 가장 깐깐한 소비자라고 할 수 있는 '부모'의 마음을 사로잡은 스토케의 성공비결은 과연 무엇일까?

아이와 함께 '자라는' 가구를 만들다

아이들은 하루가 다르게 성장하므로 유아용품은 1~2년 사용하면 다시 아이들 신체 사이즈에 맞는 제품으로 교체해주는 게 당연하다고들 생각한다. 그렇기 때문에 아이를 둔 부모들 대부분은 '유아용품은 사용기간이 짧아 한번 쓰면 버리는 것'이라는 생각을 갖고 있었고, 유아용품 업계 역시 연령대별로 적당한 가격과 적당한 품질의 제품을 출시해왔다.

하지만 스토케는 유아용품에 대한 부모들의 생각과 기존 업계의 구태의연한 사고방식에서 벗어나 차별화된 제품을 시장에 내놓으며 주목받았다.

스토케를 유명하게 만든 대표적 상품으로 유아용 의자 '트립 트랩Tripp Trapp'을 들 수 있다. 1972년 스토케의 디자이너 피터 옵스비크Peter Opsvik는 밥을 먹다가 의자에 앉아 있는 어린 아들이 매우 불편해한다는 사실을 발견했다. 어른용 의자에 앉은 탓에 아들의 발은 허공에 떠 있었고 팔도 테이블에 닿지 않아 허우적거렸다.

이 모습을 본 순간 옵스비크는 어린이의 성장단계에 따라 높이와 다리받침이 조절되는 의자를 개발하면 어떨까 생각하게 되었고, 트립 트랩은 그렇게 탄생했다. 트립 트랩은 아이들이 이유식을 시작할 때부터 이용할 수 있도록 탈부착이 가능한 안전 테두리가 달려 있고, 아이들의 성장에 맞추

스토케는 '아이와 함께 자라는 가구'라는 콘셉트를 도입해, 아이가 성장함에 따라 길이를 조절할 수 있는 침대를 내놓았다. 미니 요람에서부터 어린이용 침대, 침실용 의자로까지 변형이 가능한 이 제품은 부모의 마음을 사로잡았다.
자료 : http://www.stokke.com

어 좌석판에 부착된 발판 높이를 조절할 수도 있다. '한번 쓰고 버리는 의자'가 아닌 '한번 사면 오래 쓸 수 있는 의자'를 만들어낸 것이다.

유아용품은 사용기간이 짧으니 굳이 비싼 제품을 살 이유가 없다고 생각해온 부모들에게도 트립 트랩은 매력적이었다. 가격이 다소 비싸더라도 더 오랜 기간 사용할 수 있는 트립 트랩을 구매하는 게 오히려 합리적 소비라는 점을 고객들에게 인정받은 것이다. 그 결과 트립 트랩은 지금까지 전 세계 50여 개국에서 700만 개 이상 팔려나갔고, 스토케 전체 매출의 60%를 차지할 정도로 대표적인 스테디셀러가 되었다.[8]

이렇게 트립 트랩을 통해 나름의 성공방정식을 터득한 스토케는 1990년대 들어 '아이와 함께 자라는 가구'라는 콘셉트를 도입했다. 그리고 이를 기반으로 1999년에는 유아용 침대를 내놓았다. 이 침대 역시 아이가 성장함에 따라 길이를 조절할 수 있게 만들었다. 즉 하나의 침대가 고객의 필요에 따라서 유아용 미니 요람이 될 수도 있고, 어린이용 침대가 될 수도 있으며, 심지어 침실용 의자로까지 변형이 가능하도록 설계한 것이다.

이 제품 역시 크게 히트를 치면서 스토케는 기존 업체와는 차별화된 명품 유아용품 업체로 소비자들에게 확실히 각인되었다.

모든 혁신의 출발점은 '아이'

스토케의 제품이 '차별화'될 수 있었던 또 하나의 비결은 '모든 것의 출발점은 부모보다 아이들'이라는 스토케의 진보된 인식에 있었다. 스토케가 만든 유모차는 기존 유모차와는 완전히 다른 구조로 설계되어 있다. 사실 기존의 유아용품 업체는 아이들 물건을 만들면서도 물건 구매자인 부모의 입장에서 먼저 생각하는 것이 다반사였다. 예컨대 흔들림을 최소화해 아이를 안전하게 태우는 것에만 초점을 맞춰왔다. 그러나 스토케는 아이 입장에서 '어떻게 하면 아이들이 좋아하는 유모차를 만들 수 있을까'를 고민했다.

마침내 스토케는 4년간의 개발 기간을 거쳐 기존 제품과는 전혀 다른 유모차를 선보였는데, 그것이 바로 앞서 말한 《타임》 선정 2004년 가장 위대한 발명품 중 하나인 익스플로리Xplory 유모차다. 스토케 유모차의 가장 큰 특징은 차체를 높여 아이가 엄마를 바라볼 수 있게끔 설계했다는 점이다. 스토케는 왜 이런 디자인을 선보였을까?

스토케는 이 유모차를 만들면서 '아이에게도 멋진 경치를 보여주자'라는 생각을 했다. 즉 아이들이 낮은 유모차에서 사람들의 발이나 강아지 같은 것만 보는 게 아니라, 엄마의 행복한 얼굴과 맑은 하늘을 볼 수 있도록 배려한 것이다.

그뿐 아니라 원하는 방향으로 유모차 회전이 가능하도록 만들어 부모와 아이가 눈을 맞추며 대화할 수 있고 서로 심장 소리를 들을 정도로 가까운 거리를 유지하며 교감하도록 하는 등 아이의 정서 발달까지 중시했다.

모듈화, 원하는 대로 변형이 가능하게!

이처럼 스토케는 차별화된 제품으로 유아용품 업계의 변화를 선도하고 있다. 보통 내구재 제품은 쉽게 질리지 않는 디자인과 색상을 선택하게 마련인데 그러다 보면 소비자에게 신제품에 대한 기대감을 주기 어렵다. 무엇보다도 유행과 스타일을 중시하는 부모의 취향을 따라잡기가 어렵다.

이를 고민하던 스토케는 다양한 색상의 소품들을 준비해 소비자의 선택권을 넓힘으로써 기존 제품에 변화를 시도했다. 핵심 부품과 소품을 모듈화해 소비자가 원하는 대로 제품을 변형시킬 수 있도록 한 것이다. 예컨대 의자, 침대, 유모차 모두 다양한 컬러의 시트를 옵션으로 선택할 수 있게 했고, 유행과 스타일을 중시하는 부모 취향을 반영해 아기 발을 덮을 수 있는 풋머프, 담요, 파라솔, 컵홀더 등 패션성이 가미된 유모차 액세서리를 별도로 판매해 유모차를 하나의 패션 아이콘으로 자리매김했다.

스토케의 중요한 성공요인은 유아용품에 대한 기존의 시각을 바꾸는 역발상이다. 부모들이 '유아용품은 한번 쓰고 버리는 것'이라고 생각할 때, 또 기존 업체들이 '유아용품은 성장단계에 따라 새 물건을 팔아야 한다'라고 생각할 때, 스토케는 아이들의 성장단계에 발맞춰 함께 성장하는 생명력 긴 가구를 만들어냈다.

   혁신은 결코 우리의 일상생활과 멀리 떨어진 게 아님을 스토케는 새삼 깨닫게 해준다. 수많은 제품이 시장에 나와 더없는 경쟁을 벌이는 요즘, 기존의 제품을 새로운 시선으로 바라보는 스토케의 역발상이야말로 절실한 것이 아닌가 생각한다.

강력함과 섬세함으로 동시에 승부하다, 론카토

이민훈

얼마 전 《월스트리트저널》은 매년 중국의 부자 리스트를 발표하는 후룬^{胡潤} 연구소가 조사한 부자들의 여행 트렌드를 소개해 눈길을 끌었다. 중국인 중 재산이 1,000만 위안, 즉 한화로 17억 원 이상인 부자 463명을 대상으로 그들의 여행 트렌드를 조사한 것이었다.[9]

 조사 결과에 따르면 중국의 부자들은 평균적으로 1년에 15일 정도를 휴가로 쓰고, 30%는 20일 넘게 휴가를 즐기기도 한다. 또 1년에 평균 세 번 정도 해외여행을 떠나고 20%는 다섯 번 넘게 외국에 나간다. 중국의 부자들은 꽤 자주 해외여행을 즐긴다는 이야기인데, 특히 남성 부자보다 여성 부자가 더 자주 더 긴 휴가를 떠나고 좀 더 부자일수록 더 먼 지역을 선호하는 것으로 나타났다.

　부자일수록 긴 해외 휴가를 선호하고 특히 여성 부자들이 더욱 그렇다는 사실을 고려할 때, 휴가 시 사용하게 될 필수 품목들은 이들 여성 니즈를 충분히 이해한 후 디자인되어야만 할 것이다. 긴 해외여행에서 반드시 필요한 품목 중 하나가 바로 여행가방이다. 특히 여행용 캐리어는 여권이나 카드만큼이나 꼭 필요한 것으로 어느 나라로 가건 간에 내 집을 대신해 내 물건들을 든든히 지켜주고 옮겨준다. 여성 고객의 손에 꼭 붙들려 고객과 같이 먼 나라를 여행할 그 캐리어야말로 여성들이 진정으로 원하는 그런 디자인이어야 하지 않을까?

루이비통보다 저렴하지만
루이비통 이상의 만족을 주는 여행가방

여행용 캐리어 하면 흔히 어떤 이미지를 떠올릴까? 과일상자만큼이나 크고 투박한 모양에, 짙은 회색이나 남색 혹은 검은색 등 무채색 일색인 그저 그런 물건을 떠올리지는 않았는가? 꼭 그렇지는 않더라도 대부분은 '여행용 캐리어가 거기서 거기지'라고 생각할 것이다.

　그러나 차별화가 어려울 것 같은 이 여행용 캐리어 분야에서도 남다른 것을 만들겠다고 선언하고 실제로 눈에 띄는 차이를 보여준 기업이 있다. 론카토 Roncato가 그 주인공이다.

론카토는 이탈리아에서 여행가방 판매 1위일 뿐 아니라 100명의 직원이 연 5,600만 달러 매출을 올리는 탄탄한 기업으로,[10] 여행용 캐리어 분야에서 서서히 두각을 나타내더니 어느새 베스트셀러 제조사로 세간에 이름을 알렸다. 론카토의 눈부신 성장은 어떻게 가능했을까?

1973년 설립된 론카토는 2000년 프랑스에 진출할 당시만 해도 이탈리아 베네치아에서 온 무명의 가족 단위 중소기업에 불과했다. 취약한 인지도를 극복하기 위해 론카토는 곧바로 유명 브랜드 경쟁에 뛰어들기보다는 고가 럭셔리시장과 저가시장 사이의 매스마켓을 정조준했다.

그리고 고가 브랜드들이 대대적으로 광고를 퍼붓는 커뮤니케이션 방식이 아니라 제품을 사용해본 고객들에게서 '실력'을 인정받는 방식으로 신뢰를 확보하는 데 마케팅의 초점을 맞춘다. 따라서 가격 역시 수천 달러를 호가하는 럭셔리 제품과 중국에서 수입되는 20~30달러의 저가 상품 모두와 확실히 구별되는 합리적 수준인 약 300달러로 설정했다.

그렇다면 론카토는 고객들로부터 구체적으로 어떻게 자신들의 실력을 인정받을 수 있었을까? 승부는 우선 '디자인'에서 시작되었다. BMW, 폭스바겐, 페라리 등 유명한 자동차 회사들에서 디자인을 담당했던 람베르토 안젤리니 Lamberto

론카토의 여행용 캐리어는 다른 브랜드처럼 검정이나 남색이 아닌 레드, 핑크, 바이올렛 등 화려한 색상을 입혀 눈에 띄는 차이를 만들어냈다. 또한 캐리어 바디에 일러스트까지 과감하게 집어넣어 인기 블로거들 사이에서 좋은 평가를 받았다.

Angelini가 론카토의 여행용 캐리어를 세련된 감성이 담긴 스타일리시한 디자인과 컬러로 재탄생시켰다.

여행용 캐리어 분야의 막강 경쟁자인 샘소나이트Samsonite 캐리어의 컬러가 검정이나 남색인 점을 고려해, 론카토는 은은한 실버 바디에 프레임 컬러로 대비를 주었다. 또한 다른 브랜드의 캐리어들은 잘 쓰지 않는 레드, 핑크, 바이올렛 등 열두 가지 화려한 색상을 활용하기도 했다. 그 덕분에 론카토 캐리어를 가진 사람들은 해외여행 시 최소한 한 가지 수고는 덜게 되었다. 공항의 수하물 수령 컨베이어 벨트 위 거의 구분되지 않는 비슷비슷한 캐리어들 사이에서 내 여행가방을 찾아내려 눈에 불을 켜지 않아도 되는 것이다.

론카토는 심지어 여행용 캐리어 바디에 일러스트까지 과감하게 집어넣었다. 이러한 시도가 소비자들로부터 큰 호응을 얻어내 인기 블로거들 사이에서 "루이비통보다 저렴한 가격에 루이비통 이상의 만족을 주는 가방"이라는 평가를 받은 것이다.

12개의 특허로 무장한 여행가방

론카토의 디자인이 소프트하다고 해서, 이들이 제품의 내구성을 소홀히 여기는 것은 결코 아니다. 론카토는 디자인만큼이나 제품의 품질에도 매우 신경을 쓴다. 어떠한 충격에도 잘 견디는 제품을 만들기 위해 엄격한 실험에 의거한 고도의 품질경영 시스템을 가동한다. 짐을 채운 가방을 다양한 각도와 높이에서 떨어뜨리는 낙하테스트는 기본이고, 어떤 길에서도 잘 고장 나지 않는 바퀴를 만들기 위해 무려 3만 2,000m에 달하는 거리를 굴려본다. 잠금장치를 완벽하게 만들기 위해 7,200회 개폐 테스트를 실시하고, 짐을 가득 채운 채 손잡이를 5,000회 이상 들어올려 이상이 없는지를 꼼꼼히 체크한다.[11]

이런 다양한 실험을 통해 완성되는 만큼 론카토의 제품들은 내구성 면에서도 타의 추종을 불허한다. 특히 2009년에 만들어져 세계 52개국에서 베스트셀러가 된 론카토 '우노Uno'는 바퀴 성능, 특수소재 사용 항목 등으로 무려 12개의 국제특허를 보유해 유명세를 치렀다.[12]

론카토의 적극적인 특허 관리는 제품에 대한 자부심인 동시에 자사의 혁신적 공정이나 제품개발 기술을 자산화하는 전략적 선택이기도 하다. 론카토가 자사의 제품에 대해 가진 자부심은 그들이 내보내는 TV광고에서도 여실히 드러난다. 론카토의 여행용 캐리어가 놓여 있고 그 위를 육중한 짐을 실은 트럭이 밟고 지나간다. 하지만 론카토의 캐리어는 차가 지나간 뒤에도 멀쩡하다. 또 다른 광고는 론카토 제품 소재의 신축성이 얼마나 탁월한지를 보여준다. 이 광고는 론카토를 계단에서 굴러 떨어뜨린 한 여성이 보안요원에게 붙들려 가방 속 물품을 하나하나 조사받는 장면인데, 가방 속에서 나온 물건이 1m 이상 쌓이는 모습을 보여준다. 그 정도로 많은 물건을 눌러 담아 계단에서 굴려도 끄떡없는 가방임을 강조한 것이다.

고객의 불편함을 덜어주기 위한 세심한 연구

론카토의 '좋은 제품'은 사실 여행용 캐리어를 들고 다니는 고객들을 세심하게 관찰한 결과이다. 고객의 행동을 잘 지켜본 덕분에 그들이 느끼는 불편함을 해소해줄 기능을 추가할 수 있었던 것이다.

론카토의 여행용 캐리어는 케이스 상단과 측면, 그리고

하단에 총 3개의 손잡이가 있다. 보통의 여행용 캐리어들은 아무리 많아도 손잡이가 2개뿐이다. 겉으로 보기에는 별 차이가 아닌 듯하지만, 사용하는 고객 입장에서는 꽤 큰 차이를 느끼게 된다.

잘 알다시피 무거운 여행용 캐리어를 들고 계단을 낑낑거리며 오르내리려면 여간 힘든 게 아니다. 론카토는 고객의 이런 불편을 그냥 지나치지 않았고, 그래서 고객의 필요에 따라 손잡이를 바꿔 잡을 수 있는 제품을 만들었다. 계단을 오르내리거나 자동차 트렁크에 실을 때 두 사람이 함께 들 수 있도록 손잡이를 달아둠으로써 자연스레 다른 사람의 도움을 받을 수 있게 한 것이다. 고객들이 보다 쉽게 캐리어를 운반할 수 있도록 배려한 아이디어다.

론카토의 사례는 더는 차별화의 여지가 없을 것 같은 분야에서도 고객 입장에서 한 번만 더 생각한다면 예상을 뛰어넘는 큰 차이를 만들어낼 수 있다는 진리를 일깨워준다. 더불어 '강한 제품'이라는 인식을 전달해야 하는 영역일수록 보다 섬세한 느낌을 입혀야만 기존 제품들 사이에서 차별화된 매력을 발산할 수 있다는 지혜를 가르쳐준다.

로고 하나 바꿨을 뿐인데?

김진성

말하지 않아도 통하는 게 있다. 언어가 달라도 국적이 달라도 보기만 하면 누구나 알 수 있는 것, 바로 심벌^{symbol}이다. 기업에서는 로고가 바로 그 역할을 하는데, 어떤 기업은 회사명이 더 낯설게 느껴질 정도로 로고의 힘이 강하다.

그런데 유명한 로고에는 나름 깊은 뜻이 담겨 있다는 사실을 혹시 아는가? 몇 가지 예를 들어보자.

아디다스를 상징하는 세 개의 스트라이프는 가파른 산을 표현한 것으로, '도전과 성취'라는 아디다스의 비전을 형상화했다. 또 아마존닷컴은 밝게 웃는 입 모양으로 로고가 디자인되었는데, 자세히 보면 알파벳 'a'에서 시작된 화살표가 알파벳 'z'를 가리킨다. a부터 z까지 세상의 모든 것을 유통

아디다스 로고는 '도전과 성취'라는 아디다스의 비전을 형상화한, 산 모양의 스트라이프로 이뤄졌다. 웃는 입 모양을 한 아마존닷컴 로고는 a부터 z까지 세상의 모든 것을 유통시키겠다는 비전이 담겼다. 메르세데스 벤츠의 세 방향 별 모양 로고는 육지와 바다 그리고 하늘을 제패하겠다는 야심을 상징한다.

시키고 판매하겠다는 아마존닷컴의 비전을 나타낸 것이다. 그리고 메르세데스 벤츠의 로고는, 원 안에서 세 방향으로 빛나는 별 모양을 하고 있다. 여기서 세 방향은 각각 육지와 바다 그리고 하늘을 제패하겠다는 벤츠의 야심을 상징한다.

내 회사의 로고지만 내 맘대로 바꿔서는 안 된다?!

사실 소비자 입장에서는 로고에 담긴 의미를 알아도 그만 몰라도 그만이다. 하지만 소비자에게 친숙했던 로고 디자인이 하루아침에 바뀐다면 이야기가 달라진다. 만약 메르세데스 벤츠의 로고가 완전히 다른 모양으로 바뀐다면? 벤츠를 타는 소비자는 물론 그렇지 않은 사람조차 그저 입 다물고 있지만은 않을 것이다.

어쩌면 "누구 마음대로 로고를 바꾸느냐?"라고 항의할지도 모른다. 왜냐하면 로고에는 단지 그 기업의 비전만 담기는 게 아니라 소비자들의 애정이 담기기 때문이다.

결국 로고란 기업 입장에서도 함부로 수정하거나 아예 없애버리면 안 되는 매우 소중한 자산인 것이다. 특히 그 회사 제품과 서비스에 충성심이 높은 고객층일수록 그 회사의 로고 변경에 반대하는 경향이 크다고 한다.

실제로 2010년, 세계적 패션 브랜드인 갭GAP은 로고를 교체하겠다고 나섰다가 엄청난 수업료를 치러야 했다. 20년 된 로고를 새 디자인으로 바꾼다고 발표하자 곧바로 소비자들의 항의가 빗발친 것이다. 옛 로고가 더 낫다며 회귀를 요구하는 전화와 이메일이 쏟아져 들어왔다. 또 회사 페이스북에도 "만약 새 로고가 계속 사용된다면 더는 갭 제품을 사지 않겠다"는 글이 무더기로 올라왔다.

그 가운데 15년 넘게 갭을 입었다는 한 고객은 새로운 로고 디자인을 "사상 최악의 졸작"이라 비난하면서 로고를 기존의 것으로 다시 바꾸지 않으면 불매운동을 벌이겠다고 선언하기도 했다. 결국 갭은 이 같은 네티즌 반응에 대해, "우리는 소비자들이 새 로고를 좋아하지 않는다는 것을 분명히 알았다", "고객 피드백에서 많은 것을 배웠고, 로고를 바꾸는 것은 좋은 길이 아님을 분명히 알게 되었다"라고 인정하며 로고 변경 계획을 철회했다.[13]

물론 소비자들이 언제나, 모든 로고에 대해, 이 같은 반

2010년 패션 브랜드 갭이 로고를 교체하겠다고 나서자 소비자들의 항의가 빗발쳤다. 그중 한 고객은 새로운 로고를 "사상 최악의 졸작"이라 비난하며 로고를 되돌리지 않으면 불매운동을 벌이겠다고 선언하기도 했다.

응을 보이는 것은 아니다. 마이클 월쉬Michael Walsh 교수의 연구에 따르면, 브랜드 충성도가 높은 고객일수록 로고 변화에 반발할 가능성이 크고 실제로 로고 변화 후 구매율이 현격히 떨어지는 반면, 충성도가 낮은 고객은 오히려 로고 변화를 긍정적으로 받아들이는 경향이 있다.[14] 다시 말해 로고를 바꾸는 것은 충성도 높은 고객을 잃을 수 있다는 점에서는 위험요인으로 작용하지만, 새로운 고객층을 확보하거나 신규사업을 추진할 때는 오히려 전략적 기회가 될 수 있다는 이야기다.

때로는 로고 교체가 새로운 기회를 제공한다

로고 변경을 전략적 기회로 이용한 예로는 스타벅스를 꼽을 수 있다. 우선 스타벅스의 기존 로고를 보면, 로고 중심엔 고대 그리스 신화에 나오는 세이렌Seiren이 있다. 아름다운 노

2011년 스타벅스는 창업 40주년을 맞아 기존 로고에서 '스타벅스 커피'라는 글자를 삭제했다. 사진은 왼쪽부터 차례로 1971년 창업 당시의 로고와 1987년, 1992년, 2011년에 변경된 로고를 보여준다.
자료 : http://www.istarbucks.co.kr

래로 바다를 지나는 배의 선원들을 홀려 결국 난파해 죽게 만드는 요정인데, 신화 속에서 오디세우스는 부하들의 귀를 솜으로 틀어막고 자기 몸은 기둥에 묶어 유혹을 이겨낸다. 하지만 현실의 커피 애호가들은 세이렌의 유혹을 뿌리치지 못하리라는 의미심장한 뜻이 이 로고에 담겼다.

그런데 2011년 3월 스타벅스는 창업 40주년을 맞아 기존 로고에서 '스타벅스 커피STARBUCKS COFFEE'라는 글자를 삭제했다. 사실 스타벅스가 로고를 변경한 것은 1987년, 1992년에 이어 세 번째인데, 로고 교체의 이유에 대해 CEO 하워드 슐츠는 이렇게 대답했다.

"세상도 변했고 스타벅스도 변했다. 그러니 이제 세이렌도 틀 밖으로 나와서 우리에게 커피를 뛰어넘는 자유와 유연성을 주어야 한다고 생각했다."[15]

기존 로고에선 세이렌이 '스타벅스 커피'라는 글자가 만

애플의 로고 변화. 왼쪽부터 차례로 1976년 로고, 이후 1998년까지 쓰던 로고, 그리고 마지막 두 가지는 그 이후부터 현재까지 쓰고 있는 로고이다.

드는 원 안에 갇혀 있었다. 그래서 세이렌은 커피 외의 다른 서비스나 상품은 상징하기 어려웠다. 스타벅스의 막강한 브랜드파워가 커피라는 좁은 영역에 갇혀 있었다는 이야기다. 하지만 이젠 로고 속에 갇힌 세이렌을 자유롭게 풀어줌으로써 스타벅스라는 사업체의 비즈니스 영역도 차츰 넓히겠다는 의지가 이 로고 변경에 담겨 있는 것이다.

과거 애플 컴퓨터가 애플로 명칭을 바꾸면서 애플이라는 브랜드를 컴퓨터라는 좁은 영역에 가두지 않겠다고 선언한 것과 비슷한 맥락이라 하겠다. 오늘날 사람들이 '애플' 하면 애플 컴퓨터가 아니라 아이팟이나 아이폰 혹은 아이패드를 먼저 떠올리는 것을 생각하면 그것은 분명 탁월한 선택이었다.

한편, 스타벅스가 로고를 바꾼 또 다른 이유로 언어 문제도 들 수 있다. 스타벅스는 2015년까지 중국 내 매장과 인력 수를 현재의 3배 수준인 1,500개와 3만 명 이상으로 늘린다는 계획을 실행 중이다. 2011년 중국에서 발생한 매출은 약 10억 달러에 육박했으며 이는 전년 대비 20% 증가한 수치로 성장세가 더욱 커질 것으로 전망하고 있다. 또한 일본 시장에서는 2013년까지 1,000호점을, 한국 시장에서는 2016년까지 700호점을 오픈한다는 계획을 세워두었다. 그뿐만 아니라 2012년 내에 인도와 베트남 시장에 본격 진출하는 것은 물론 인도네시아와 타이 등 아시아 시장 공략에도 박차를 가할 예정이다. 스타벅스의 로고 교체는 사실 이러한 공격적인 아시아 시장 진출과 관련이 있다. 스타벅스에서 영어를 지우면 세이렌 그림만 남는데, 그러면 글로벌 시장에서 언어 장벽을 뛰어넘기가 훨씬 수월해지는 것이다.

결국 로고 변경을 통해 하워드 슐츠가 바라보는 스타벅스의 미래는 커피 이외의 새로운 사업 영역 그리고 영어권 국가 이외의 아시아 시장에 있다고 해도 틀리지 않을 것이다.

스타벅스의 로고 변경을 둘러싸고 전략적으로 옳은 결정이었다는 평도 있지만, 또 많은 소비자가 뭔가 허전하고 낯설다는 평가도 내렸다. 로고를 바꿀 때 소비자들이 보이는 부정적 반응은 사실 기업 입장에서는 다소 당황스러울 수 있다. '내 회사의 로고를 내 맘대로 바꾸지도 못한다니!' 하는 생각이 들 테니까 말이다.

그러나 조금만 더 생각해보면, 이는 그만큼 그 회사의 제품이나 서비스, 브랜드에 충성심과 애착을 가진 고객이 많다는 뜻이 된다. 당황스러워할 게 아니라 즐거워해야 할 일인지도 모른다는 이야기다. 소비자가 회사의 로고 변경에 대해 뭔가 자신의 소중한 것을 잃어버리는 느낌을 가져주는 일만큼 고마운 일이 또 어디 있겠는가.

따라서 소비자의 그런 반응을 간섭이 아니라 애정으로 생각하고 로고 교체 과정에 고객의 참여를 보장해주는 것도 전략적으로 옳은 선택이 될 수 있다. 스타벅스의 로고 변화는 현재로서는 갭과 같은 실패가 아닌, 애플과 같은 성공적인 전략 변화의 상징이 될 가능성이 큰 것으로 보인다. 로고 교체와 함께 추진되는 스타벅스의 비영어권 시장 공략을 흥미롭게 지켜볼 일이다.

애플도 벤치마킹한 포시즌스 호텔의 서비스 미학

이동훈

세계 최고의 명품 거리로 알려진 뉴욕 5번가, 그곳에는 애플 팬들의 메카로 통하는 애플 스토어가 있다. 주지하다시피 애플 스토어는 애플의 플래그십 스토어Flagship Store다. 플래그십 스토어라는 개념 자체가 없던 시절에 등장해 브랜드 마케팅에 신선한 충격을 안겨준 곳이다. 이곳을 방문하면 "역시 애플답다"라는 말이 절로 나올 정도로 여기저기서 창의적 인테리어를 경험할 수 있다. 그런데 사실 그 애플 스토어가 다른 무언가를 벤치마킹한 것이라면 어떨까?

- 플래그십 스토어는 단순히 제품을 판매하는 매장이 아닌, 유명 브랜드가 자기 정체성과 이미지를 극대화해 보여주는 매장으로서 브랜드의 표준모델을 제시하고 다양한 상품 구색을 통해 소비자들에게 기준이 될 만한 트렌드를 제시하는 유통매장이다.

애플 스토어의 원조는 바로 '포시즌스 호텔Four Seasons Hotel'
이다. 1961년에 설립된 포시즌스 호텔은 전 세계 30여 개국
의 주요 도시와 휴양지에 85개 럭셔리 호텔과 리조트를 보유
하고 있다.[16] 호텔 및 리조트 업계에선 이미 오래전에 벤치마
킹 모델이 된 기업이다.

실제로 애플의 론 존슨Ron Johnson 수석부사장은 "포시즌
스 호텔처럼 친절한 매장을 만들려면 어떻게 해야 할까 하는
고민에서 애플 스토어를 설계하게 되었다"라고 밝혔다.[17] 다
시 말해 고객이 호텔에서 받는 고품격 서비스를 애플 스토어
에서도 경험하게 하고 싶었다는 것이다.

이런 의도가 적극 반영된 것이 바로 애플의 지니어스 바
Genius Bar다. 지니어스 바는 단순히 제품만 파는 게 아니라 체
험할 수 있게 하고, 구매는 물론 구매 후의 사용에도 도움을
주는 공간이다. 애플이 포시즌스 호텔의 컨시어지Concierge를
본떠 만든 것이다. 애플이 벤치마킹할 정도로 특별한 호텔,
포시즌스의 남다른 성공전략 세 가지를 들여다보자.

서비스의 재해석 : 고급스러움과 아늑함의 융합

포시즌스 호텔의 첫 번째 성공전략은 '서비스를 재해석'한
데 있었다. 포시즌스가 등장하기 전의 전 세계 고급 호텔시

장은 대형 체인호텔과 소형 부티크호텔로 양분되어 있었다. 대형 체인호텔은 고급스러움으로, 소형 부티크호텔은 아늑함으로 승부한다는 점이 특징이었다. 그런데 이 경계를 포시즌스가 무너뜨렸다.

고급스러움과 아늑함 중 하나만 택해야 한다는 기존의 사고방식에서 벗어나, 포시즌스는 이 둘을 적극 융합해보기로 했다. 이 같은 발상의 전환은 포시즌스가 서비스를 재해석했기에 가능한 일이었다.

이를테면 포시즌스는 호텔을 찾는 고객이 기대하는 고급스러움이란 그저 커다란 건물이나 사치스러운 인테리어 디자인에서 나오는 게 아니라고 생각했다. 진정한 고급스러움은 무엇보다 고객을 성심껏 대우하고 배려해주는 '서비스'에서 비롯된다는 사실을 발견한 것이다. 사람을 대하는 태도에서 고급스러운 기풍이 느껴질 때 고객은 기분 좋게 지갑을 열게 된다는 것인데, 너무나 당연한 이야기 같지만 불과 몇 십 년 전만 해도 바로 이것이, 다른 호텔들은 절대 알 수 없는 포시즌스만의 영업 비밀이었다.

신개념 패키지 : 도시 호텔과 휴양지 리조트의 결합

두 번째 성공전략은 포시즌스가 보여준 '패키지의 미학'이다. 일반적으로 호텔은 주로 대도시에 위치하고 비즈니스맨을 주 타깃으로 삼는다. 반면 휴양지의 리조트는 관광객을 타깃으로 한다. 그런데 만약 이 두 가지가 모두 가능하다면 어떨까? 즉 2~3일은 시내 호텔에서 자고, 1~2일은 리조트에서 보낼 수 있다면? 포시즌스 호텔은 호텔과 리조트를 패키지로 묶어 이와 같은 새로운 서비스 상품을 만들었다.

그런 상품 중 대표적인 예가 '투어 오브 타일랜드' 패키지로, 타이의 다양한 여행지를 한꺼번에 경험할 수 있는 프로그램이다. 방콕부터 시작해 치앙마이, 코사무이, 골든트라이앵글 등지의 호텔을 패키지로 묶어 이용할 수 있도록 한 것이다. 숙박 형태도 호텔과 리조트는 물론 럭셔리 텐트 숙소인 글램핑glamping 등으로 다양하게 마련해 고객에게 색다른 경험을 제공하는데, 이 서비스가 인기를 끌면서 지역에 따라 스파, 액티비티, 현지관광이 포함된 프로그램으로 진화했다.

비용 절감을 고객이 알아차려서는 안 된다!

포시즌스 호텔의 성공전략 세 번째는 '원칙에 따른 위기 대응'이다. 2001년과 2002년 사이 여행산업은 9·11테러와 이라크전쟁, 사스SARS 발발로 치명타를 입었다. 2년이나 계속

된 경기침체에 호텔업계의 경쟁업체들 대부분은 파격적인 가격할인에 돌입할 수밖에 없었다. 하지만 포시즌스는 그렇게 하지 않고, 평소 수준의 30% 이하로는 내려가지 않도록 요금과 서비스 모두 안정되게 유지했다. 일단 할인을 해버리면 요금을 다시 올리기가 매우 어렵다는 판단이었다. 그 대신에 직원들이 연차휴가를 사용하도록 권장하는 한편 일자리 공유 시스템을 만들어 인건비를 절감하면서도 서비스 직원 수는 그대로 유지했다.

2008년 글로벌 금융위기도 큰 악재로 작용했다. 호텔업계는 또다시 숙박비와 공실률 문제로 애를 먹었다. 새 호텔 건설 사업도 중단되었다. 심지어 최고의 프레스티지 호텔 브랜드들마저 꽃 장식부터 타월까지 모든 부문에서 예산을 줄여야 했다.

이러한 위기 상황에서 포시즌스도 예외는 아니었다. 전 세계 스태프로부터 예산을 줄이기 위한 창의적 아이디어를 수집했을 정도다. 하지만 포시즌스는 변치 않는 원칙이 있었다. 예산 삭감은 어디까지나 고객서비스에 영향을 미치지 않는 범위 내에서 한다는 것이었다. 엘리베이터 로비의 생화 꽃 장식을 예술 작품으로 대체하는 정도에 불과했다는 말이다. 또한 임직원들이 1인 다역을 맡도록 했다. 그래서 어떤 종업원은 유니폼만 10개나 될 정도였다.[18]

포시즌스 호텔 역시 위기 상황에 처하자 여러 부문에서

비용을 줄여야 했지만, 그렇게 하더라도 고객 입장에서 느끼는 서비스의 질은 전혀 떨어지지 않도록 신경 쓴 것이다.

글로벌 금융위기 이후 세계경제의 중심은 신흥국으로 이동하기 시작한 듯 보인다. 이런 새로운 분위기에 따라 포시즌스 호텔도 중국과 인도 등 신흥 시장 진출을 서두르고 있는데, 이번엔 또 어떤 고객서비스를 내놓을지 사뭇 기대가 된다. 모든 서비스를 고객 입장에서 디자인하고, 고객이 생각하는 것 이상을 제공하는 놀라운 서비스! 고객감동을 꿈꾸는 기업이라면 누구라도 한 번쯤 도전해볼 만한 과제일 것이다.

1년에 40억 병! 코카콜라에 도전한 레드 불

하송

 '음료' 하면 대다수가 '코카콜라'를 가장 먼저 떠올릴 것이다. 실제로 코카콜라 사의 대표 제품들은 전 세계에서 1년에 무려 58억 병이 팔리고 있으며, 음료의 대명사로 자리 잡았다. 그런데 최근 코카콜라의 아성을 넘보는 제품이 있으니, 바로 에너지 음료 '레드 불Red Bull'이다. 레드 불은 1년에 약 40억 병이 팔리고 있다. 비록 코카콜라보다 판매량은 적지만 총 매출액은 코카콜라를 월등히 넘어선다. 2009년을 예로 들자면 코카콜라, 코카콜라 제로, 다이어트 콕, 코카콜라 라이트의 매출액 합계가 10억 달러를 조금 넘긴 데 비해, 레드 불은 이 제품 하나로 무려 45억 달러 매출을 기록했다.

레드 불, 신화의 탄생

음료업계에서 새로운 신화를 쓰고 있는 레드 불은 과연 어떤 음료일까? 레드 불은 타우린과 카페인, 글루쿠로노락톤glucuronolactone 등이 함유된 에너지 음료로, 우리나라의 박카스와 유사한 제품이다. 1978년 타이의 찰레오 유비디야Chaleo Yoovidhya가 발명해 '붉은 소'라는 뜻의 타이어語 '크라팅 다엥Krating Daeng'이라는 브랜드로 일부 아시아 지역에서 판매하던 음료다.

이를 1982년, 오스트리아인人 디트리히 마테쉬츠Dietrich Mateschitz가 우연히 그 효능을 직접 느끼고는 글로벌 상품으로 히트시키기에 이른다. 단 1개의 브랜드와 4개의 제품라인업, 당시 종업원 6,900명에 불과했던 레드 불이 연 매출 45억 달러를 올릴 수 있게 된 저력은 무엇이었을까?

핵심 비결은 마케팅에 있었다. 레드 불을 창업한 CEO 마테쉬츠는 그전에는 독일의 생활용품 기업인 블렌닥스Blendax의 마케팅 이사를 지냈다. 이러한 전력을 지닌 인물답게 그는 마케팅에 집중하는 사업방식을 채택했다. 즉 생산과 물류는 과감히 아웃소싱하고 본사에선 제품개발과 마케팅을 전담했던 것이다. 신화의 탄생을 가능케 한 레드 불의 마케팅 전략을 알아보자.

생각을 뒤집어 젊은 층을 열광시키다!

마테쉬츠는 레드 불이 비록 상품성은 있지만 아직 유럽에선 에너지 음료 시장 자체가 존재하지 않던 때라 신제품을 어떻게 알릴 수 있을지 고심했다. 그는 우선 에너지 음료가 아무래도 건강에 관심 많은 중장년층이 주 소비 대상이라는 구태의연한 생각을 뒤집어, 젊고 활기찬 소비자들을 타깃 소비층으로 선택했다.

그런 다음, 브랜드 이미지에 각별히 신경 썼으며 주변 사람들과 함께 브랜드를 즐기는 이들의 집단적 소비 특성에 맞추어 대대적인 TV광고나 지면광고보다는, 직접대면을 통한 구전 마케팅에 더 적극적으로 나섰다. 젊은이들이 많이 모이고 자주 찾는 클럽과 유명한 바를 일일이 찾아다니며 직접 홍보를 한 것이다. 여기서 만난 소비자들은 기존에는 없던 새로운 음료인 레드 불에 호의적이었을 뿐 아니라 주변 사람들에게 적극 추천하기도 했다. 그렇게 입소문이 나면서 레드 불의 효능이 전파되었는데, 그 과정에서 "레드 불을 마시면 스태미너가 강화된다", "마약 성분이 들었다" 등등 미스터리한 소문까지 더해지면서, 오히려 레드 불은 젊은 층에게 큰 인기를 얻게 된다.

마테쉬츠는 1997년 레드 불이 미국에 진출할 때에도 똑같은 전략을 썼다. 마돈나, 브리트니 스피어스, 데미 무어 등 유명 스타가 레드 불을 들고 다니는 모습이 파파라치에게 포착되면서 더 빨리 알려졌다.

레드 불은 젊은 층이 열광하는 스타나 마니아층이 두터운 스타를 공식 후원하기도 했다. 그중 대표적인 예가 스노보드 세계선수권대회 8년 연속 우승, 동계 올림픽 2연패에 빛나는 '스노보드계의 신동' 숀 화이트Shaun White를 후원한 일이다. 선천성 심장병을 스노보드로 이겨내 인간 승리의 주인공으로 꼽히곤 하는 숀은, 밴쿠버 동계 올림픽에서 김연아를 제치고 브랜드가치 1위로 평가받기도 했다.[19]

레드 불은 숀 화이트를 위한 대규모의 전용 연습장을 만들어주는 프로젝트를 추진했다.[20] 콜로라도 인근 지역에 눈폭탄을 30회 투하하고 인력 300여 명을 동원해 길이 160m 규모의 연습장을 설치한 것이다. 눈이 내리지 않는 지역에 스노보드 연습장을 만든 점도 놀라운데 그 일을 단기간에 이뤄내 더 큰 경이로움을 선사한 프로젝트였다. 이 프로젝트는 창조적이고 무한한 일에 도전하는 레드 불의 이미지를 잘 표현해 스노보더들과 젊은이들 사이에서 큰 화제가 되었다.

"당신에게 날개를 달아줍니다"

레드 불은 해외토픽에나 나올 법한 아찔하기 그지없는 익스트림 스포츠 대회들을 개최하고 후원한다. 사람의 힘으로만 달리는 자동차 경주 대회, 아슬아슬한 곡예비행 대회, 위험천만한 산악자전거 대회 등 다소 무모해 보이기는 해도 참가자의 열정만은 뜨거운 그런 대회들 말이다. 레드 불은 왜 이런 대회에 스폰서로 나서는 것일까? 바로 그런 열정이 에너지 음료 회사인 레드 불의 기업 콘셉트와 잘 맞아떨어지기 때문이다. 레드 불은 인간의 한계를 뛰어넘는 익스트림 스포츠 이벤트를 통해 고유의 브랜드 이미지를 구축했다.

또 극한의 스피드와 차량 성능이 필요한, 세계 제일의 자동차 경주 대회인 F1과도 레드 불은 함께 달린다. 얼마 전 국내에서 개최된 F1에서도 레드 불 팀을 찾아볼 수 있었는데, 레드 불은 매년 4억 달러를 투자한다는 조건으로 2004년 포드 자동차가 운영하던 재규어 레이싱 팀을 인수한 뒤 새롭게 탈바꿈시켰다. 그리고 2005년 F1 첫 데뷔 이후, 2009년 2위에 이어 2010년에는 우승(컨스트럭터스 부문)을 거머쥐는 등 계속해서 뛰어난 성적을 거두고 있다.

레드 불의 슬로건도 이러한 브랜드 이미지에 한몫하고 있다. "당신에게 날개를 달아줍니다 Red Bull gives you wiiings." 이 슬로건에서 유난히 '날개 wing'가 강조된 까닭은 무엇일까? 아마 레드 불의 계속되는 도전과 사그라지지 않는 열정을 표현하고 싶어서가 아닐까.

CEO 마테쉬츠는 "레드 불의 성공요인은 단연 마케팅에 있었다"고 말한다. 에너지 음료 시장이 채 형성되지도 않았던 때, 게다가 달콤하다거나 새콤하다거나 하는 특별한 맛도 없는 에너지 음료를 자기만의 독특한 마케팅 전략으로 성공시킨 레드 불. 제품이 가진 핵심 장점을 소비자들에게 확실히 각인시킬 마케팅 전략을 찾는 이들이라면 반드시 눈여겨봐야 할 사례일 것이다.

톡톡 튀는 스토리의 승부사, 베네피트

이정호

미래사회를 예측할 때 꼭 따라 나오는 말이 있다. '스토리가 지배하는 사회'라는 말이다. 미래에는 스토리가 사회를 지배하게 되리란 의미다. 스토리의 중요성은 단지 상품의 콘텐츠를 구성하는 부분에 국한되지 않는다. 마케팅에서도 스토리는 매우 중요하다. '스토리를 팔아 브랜드를 만드는 시대'가 머잖아 도래할 것이기 때문이다.

물질적으로 풍요로운 세상에서 소비자는 품질이나 기능 못지않게 브랜드 속에서도 뭔가 차별화된 이야깃거리를 찾는다. 이런 관점에서 볼 때 눈에 띄는 기업이 있으니, '화장은 편하고 재미있는 것'이라는 콘셉트를 전략적으로 스토리텔링해 대성공을 거둔 베네피트^{Benefit}이다.

드라마 대사 같은 네이밍으로 女心을 사로잡다

30년 넘는 역사를 지닌 베네피트는 일란성 쌍둥이 자매가 설립한 화장품 회사다. 예술교육을 전공한 언니 진 포드Jean Ford는 어린 시절 반짝이는 반딧불로 화장품을 직접 만들어 바를 정도로 화장 센스가 뛰어났고, 마케팅과 재무를 전공한 동생 제인 포드Jane Ford 역시 어릴 때부터 반쯤 먹은 과자를 친구의 새 초콜릿과 바꿀 정도로 사업수완이 뛰어났다고 한다.[21]

대학을 졸업한 뒤 이들 자매는 광고모델로 데뷔하는데, 촬영을 위해 미국 전역을 순회하며 그 나름의 화장 노하우를 터득하게 된다. 이런 경험을 토대로 1976년에는 '더 페이스 플레이스The Face Place'라는 화장 부티크를 샌프란시스코에서 열게 된다. 그 후 더 페이스 플레이스는 1999년 LVMH 그룹에 합병되면서 글로벌기업으로 도약한다.

오늘날의 베네피트를 만든 데는 여심을 제대로 꿰뚫는 스토리텔링 마케팅이 주효했다. 먼저, 마치 소비자에게 말을 거는 듯한 재치만점의 네이밍 전략이 효과적이었다. '소피아에겐 뭔가 특별한 게 있지Something about Sofia', '우리 집 아니면 너희 집으로, 지나My Place or Yours, Gina', '날 만져봐, 그리고 떠날 수 있다면 떠나봐Touch Me Then Try to Leave'…… 이것은 결코 친구끼리의 대화가 아니다. 바로 베네피트의 화장품 이름이다. 그동안 '딥 워터 모이스처라이징 크림' 식의 거창한 속성 나열식 브랜드에 익숙했던 소비자들에게 제품 특성을 은근히 표현하면서도 드라마의 한 대목을 속삭이는 것 같은 네이밍으로 베네피트는 상상력 풍부한 신세대 여성들에게 금세 친근하게 다가갈 수 있었다.

회사명을 베네피트로 바꾼 것도 이런 맥락이었다. 사연은 이렇다. 기존의 '더 페이스 플레이스'라는 명칭이 너무 무미건조하다고 생각하던 차에 동생 제인이 이탈리아 여행을 떠나게 된다. 그리고 거기서 사람들이 좋은 일이 있을 때마다 "베네 베네bene bene(좋아 좋아)"라고 말하는 걸 듣는다. 여기서 힌트를 얻은 제인은 그 후 언니와 함께 '베네'에 어울리는 단어를 찾아보았고, 결국 '딱 맞는다'라는 뜻의 'fit'을 붙여 '베네피트'라는 현재의 브랜드를 탄생시켰다.

패키징도 광고도 '재미' 있어야 한다

진과 제인 자매는 재미있는 네이밍과 더불어 보는 것만으로도 즐거운 패키징과 광고를 만들어 적극 활용했다. 베네피트의 포장은 화장품보다는 차라리 과자나 장난감에 더 어울릴 정도로 개성이 넘친다. 예컨대 '닥터 필 굿Dr. Feel Good'이라는 제품의 포장에는 흘러간 옛 영화의 키스 장면이 담겼다.

베네피트는 그 흔한 인기스타 하나 없이 광고를 해온 것으로 유명하다. 베네피트의 광고모델은 사람이 아니라 앤티크 인형이었다. 베네피트의 모델 인형인 라나, 베티, 개비, 시몬과 상품 카탈로그.

또 '섬 카인다 고저스Some Kind-A Gorgeous'에는 이젠 찾아보기도 어려운 야외전축이 그려졌는가 하면, '바디 소 파인Body so Fine'에는 럭셔리한 복고풍 일러스트레이션이 새겨졌다. 이러한 재미있는 패키징은 평범한 건 뭐든 싫어하는 15세 소녀부터 곧잘 향수에 젖어들곤 하는 70세 노인에게까지 폭넓게 어필했다.

베네피트는 그 흔한 인기스타 하나 없이 광고를 해온 것으로도 큰 화제를 불러일으켰다. 그럼 누가 베네피트의 광고를 책임졌을까? 30여 년간 진과 제인 자매가 수집한 앤티크 인형들이 모델이었다. 라나, 베티, 개비, 시몬 같은 이름이 붙은 이 인형들은 핀업 걸, 아메리칸 뷰티, 파티의 여왕 등 제각기 다른 라이프스타일을 대변하며 베네피트의 제품에 상상력과 개성을 부여했다.

기발하되 기능적이어야 한다

베네피트의 마지막 성공비결은 차별화된 제품 기능과 매장에서 찾을 수 있다. 베네피트의 창업주인 진 포드는 말한다. "우리의 강조점은 기발함이지만, 모든 제품은 충분히 기능적이어야 한다."

실제로 베네피트는 '빠르고 쉽고 재미있는 화장품'이라는 전통을 창업 초기부터 일관되게 지켜왔다. 즉 그들은 기능성 측면에서도 절대 뒤지지 않으면서, 화장품을 체험할 때 편의성과 즐거움을 함께 누리게 해준다는 전략을 고수해왔다. 예를 들어 '단델리온Dandelion'이라는 블러셔 제품은 브러시로 딱 한 번만 쓸어줘도 핑크빛 혈색이 돌고, '울라 리프트Ooh La Lift'라는 속눈썹 부스터 제품은 빛을 반사해 착시효과를 일으키는 광물질이 함유되어 있어 눈가의 붓기를 즉각적으로 가라앉히고 눈 밑을 화사하게 해주며 다크서클을 없애는 효과를 낸다.

또 베네피트는 매장을 단순한 판매공간으로만 생각하지 않는다. 고객이라면 누구나 찾아와 미용 상담을 할 수 있는 '수다의 공간'으로 꾸민다. 경영자 입장에서도 매장은 고객 니즈를 수집하는 스토리텔링의 공간으로 활용된다. 베네피트는 여성들이 화장할 때 가장 어려워하는 것이 눈썹 그리기라는 점에 착안해 '브라우 바Brow Bar'라는 코너를 매장에 설치해 주목을 끌기도 했다. 여기서 베네피트는 여성들의 눈썹 그리기 고민을 해결해주고 있는 것이다.

베네피트의 창업주 두 자매는 "웃음이 최고의 화장품"이라고 말한다.[22] 기능을 위한 화장에서 즐거움을 위한 화장으로, 또 이야깃거리를 소비하는 화장으로 사업의 개념을 재정의한 베네피트의 콘셉트를 단적으로 보여주는 말이다.

  우리가 속한 기업의 브랜드는 과연 어떤 콘셉트로 소비자들과 대화하고 있는가? 그 이야기에 신빙성과 구체성을 부여할 패키징·광고·매장·서비스를 지녔는가? 우리 브랜드를 제대로 전달할 만큼 독특하고 기억에 남는 스토리텔링 전략은 무엇일지 다시 한 번 고민해봐야 할 것이다.

따뜻한 기업, 자포스의 행복배달!

김진혁

미국 기업으로 온라인에서 신발을 팔아 창업한 지 10년 만에 10억 달러, 우리 돈으로 1조 원 넘는 매출을 올리는 알짜기업이 있다. 자포스 Zappos라는 이름의 이 온라인 쇼핑몰은 초스피드 성장을 한 것은 물론, '미국에서 가장 일하기 좋은 기업'으로 선정되는 등 어느새 유명기업으로 등극했다.[23]

2012년 현재 38세인 청년 CEO 토니 셰이 Tony Hsieh는 자포스의 성공비결에 대해 이렇게 말한다.

"우리는 행복을 배달합니다."

고객을 감동시키자고 외치는 기업은 무수히 많다. 그러나 자포스의 행복경영은 무언가 좀 다르다. 도대체 무엇이 다른 것일까?

행복을 상담하는 고객센터

행복을 배달하는 회사라고 하니 우선 고객센터부터 한번 들여다보자. 흔히 콜센터라고 부르는 곳이다. 사실 요즘은 콜센터를 아웃소싱하는 기업이 많지만, 자포스에서 콜센터는 절대로 아웃소싱해서는 안 되는, 회사에서 가장 중요한 부서다. 그래선지 자포스는 콜센터의 명칭도 남다르다.

그들은 이것을 컨택센터 contact center 라고 부르는데, 정해진 매뉴얼이 없다는 것이 보통의 콜센터와 다른 점이다. 고객에게 행복을 선사할 수 있다면 무슨 일이든 해도 좋다는 뜻이다. 자포스 컨택센터의 상담원들은 고객이 만족하는 답을 얻을 때까지 몇 시간이고 전화통을 붙잡은 채 해결점을 찾아준다.

실제로 일어난 감동적인 사연을 하나 소개한다. 한 고객이 병든 어머니를 위해 자포스에서 신발을 샀다. 그런데 슬프게도 어머니는 신발이 미처 도착하기도 전에 돌아가시고 말았다. 얼마 후 그 고객은 자포스로부터 이메일을 한 통 받는다. 신발은 잘 받았는지, 불편한 점은 없는지 물어보는 내용이었다. 고객은 슬픔을 추스르고 답장을 보냈다.

"어머니께 드리려고 구입한 신발이었는데, 그사이 어머니가 돌아가시고 말았습니다. 구두를 볼 때마다 어머니 생각에 마음이 아파서, 늦었지만 반품하고 싶은데 가능할까요?"

곧바로 자포스에서 답장이 왔다.

"걱정 마십시오, 고객님. 저희가 택배 직원을 댁으로 보내드리겠습니다."

자포스의 업무규정에 따르면 물건 반품은 가능했지만 택배 직원을 부르는 것은 고객의 몫이었다. 한마디로 컨택센터의 상담원이 업무규정에 어긋난 일처리를 한 것인데, 이는 업무규정보다 고객의 특수한 상황을 우선 배려하는 것이 자포스의 원칙이기 때문이었다.

그런데 이야기는 여기서 끝이 아니다. 다음 날 그 고객에게 꽃다발이 배달되었다. 고객의 슬픔을 위로하는 정성어린 카드와 함께…… 바로 자포스의 상담직원이 보낸 것이었다.

"너무 감동해 눈물이 멈추지 않았습니다. 제가 지금껏 받아본 친절 중 가장 감동적이었습니다. 혹시 인터넷에서 신발을 사려 한다면 자포스를 적극 추천합니다."

그 고객이 인터넷에 올린 후기다.[24]

전설이 된 자포스의 '감동' 서비스

인터넷에는 자포스가 제공한 감동 서비스 스토리가 전설처럼 흘러 다닌다. 신발을 주문했는데 마침 재고가 없기에 구입을 미루겠다고 하니 상담직원이 재고를 가진 경쟁업체 연락처까지 찾아 친절하게 안내해주더라는 이야기, 심지어 늦은 밤 피자를 먹고 싶었는데 연락처가 없어서 혹시나 하는 마음에 자포스에 전화했더니 상담원이 근처에 문을 연 피자 가게 다섯 곳의 전화번호를 조사해 알려주더라는 이야기 같은 것들이다. 미국 소비자들이 자포스에 열광할 수밖에 없는 이유다. 《하버드 비즈니스 리뷰》는 자포스를 "고객을 위해 끝까지 간going extremes for customers 회사"라고 표현하기도 했다.[25]

고객으로부터 얻은 이러한 '명성' 덕분에 자포스는 세계적인 온라인기업 아마존에 2009년 12억 달러라는 천문학적 금액으로 인수되었다. 인수 금액이 지나치다는 세간의 의견에 대해, 유명 경영학자 세스 고딘Seth Godin은 이렇게 말하기도 했다. "아마존이 인수한 것은 단순히 신발판매회사가 아니라, 세계 유일의 기업문화와 고객과의 끈끈한 유대관계 그리고 전설적인 서비스, 바로 이런 것들이다."

성공의 필수조건은 직원들의 행복!

세스 고딘의 언급처럼 자포스는 자유분방함과 스마일 그리고 가족적인 분위기라는 멋진 기업문화를 갖고 있다. 고객을 감동시키는 자포스의 서비스 정신은 결국 기업문화에서 나온다.

자포스가 얼마나 가족적인 유대관계를 맺는 회사인지 단적인 예를 몇 가지 들어보자. 자포스에서는 직원들이 인트라넷에 접속할 때마다 초기 화면에 무작위로 선택된 동료직원의 사진이 뜬다. 그의 이름을 맞춰야만 인트라넷 로그인이 가능한 것이다. 또 셔틀버스 운전사가 입사 지원자를 인터뷰하기도 하고, 직원들의 불평불만까지 가감 없이 담은 책을 해마다 펴내기도 한다. 이른바 '자포스 컬처북'이다. 거래업체에 대한 태도도 남다르다. 자포스 입장에서 거래업체는 고객에게 행복을 배달하는 일의 중요한 파트너이기 때문에, 그들이 언제든 매출내역을 직접 확인할 수 있도록 전산망을 개방하고 있다.

기업문화에 대한 토니 셰이 사장의 생각은 뚜렷하다. 직원과 거래업체가 행복해야 고객서비스도 자연스럽게 최고 수준을 유지할 수 있다는 것이다. "가족적인 기업문화를 유지하기 위해 우리는 회사 밖에서도 함께 어울리고 즐길 수 있는 사람들을 고용하려고 애썼습니다. 그리고 그 생각이 옳았습니다. 회의실에 둘러앉아 이야기할 때보다 오히려 동네 술집에서 같이 술 마실 때 좋은 아이디어가 훨씬 많이 나오니까요."[26]

자포스의 특별한 행복경영은 이미 국내에도 여러 권의 책으로 소개되었다. CEO 토니 셰이가 직접 쓴《딜리버링 해피니스》가 있고, 《아마존은 왜? 최고가에 자포스를 인수했나》 같은 책도 있다. 이런 책에서 자포스의 서비스 철학과 감동 스토리를 읽다 보면 "아, 나도 이런 회사를 차리고 싶다!" 하고 자기도 모르게 말하게 된다. 자포스의 경영철학에 너무나 공감하게 되어서다.

언제나 마지막 승자는 '소비자의 공감을 얻는 기업'이라고 한다. 자포스는 '공감의 달인'이다. 고객과 공감하고 싶다면, 그리하여 고객에게 '감동'을 주고 싶다면, 지금 당장 자포스를 벤치마킹하라.

왜 의료기 회사 테루모에 주목하는가?

황래국

1921년 일본, 기타사토 시바사부로^{北里柴三郎}• 박사와 몇몇 의학자가 우수한 체온계를 자신들 손으로 개발해 국산화하자는 목표로 의료기 회사를 세웠다. 그 후 40년 가까이 체온계를 만들던 이 회사는 1960년대 들어 꾸준히 사업 분야를 넓히며 각종 연구개발에 돌입했다. 1963년 일본 최초로 일회용 주사기와 혈액백을 선보였고 1964년에는 주사바늘을 내놓더니 2007년에는 세계 최초로 자기부상형 좌심보조 인공심장인 듀라하트^{Duraheart}를 개발하며 세계적으로도 명성을 얻었다. 일본의 의료기 제조업체 테루모^{Terumo}의 이야기다.

• 일본 세균학의 아버지로 불리며 노벨상 후보에까지 오른 유명한 의학자이다.

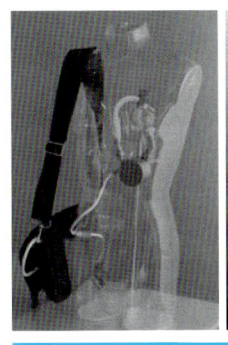 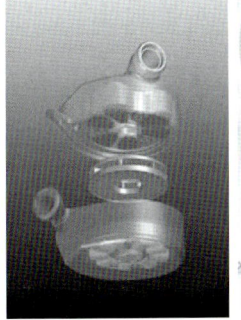 

테루모가 세계 최초로 개발한 자기부상형 좌심보조 인공심장 '듀라하트'.
자료: http://203.183.120.210/press/2011/005.html

'착한 차별화'로 키운 경쟁력

테루모는 2011년 3월 결산 기준으로 3,282억 엔의 매출액을 달성했다. 이를 미화로 환산하면 40억 달러 규모로, 존슨앤존슨이 616억 달러, 보스턴사이언티픽이 78억 달러를 달성한 것과 비교하면 그 규모 면에서 아직 글로벌 상위 기업보다 못하다고 볼 수 있다. 그런데도 테루모는 업계의 시선을 한 몸에 받고 있다. 남다른 기업이념 때문이다.

테루모는 "의료를 통해 사회에 공헌한다"라는 기업이념을 바탕으로 의료시장에서 경쟁력을 키워왔다. 현재 테루모의 명예회장인 와치 다카시和地孝*는 1995년 사장에 취임했

* 테루모의 사장(1995~2004년), 회장(2004~2011년 6월)을 역임했으며, "사람의 마음을 움직인다"라는 테루모 고유의 독자적인 기업풍토 개혁을 주도했다.

을 때 장장 2년 6개월에 걸쳐 전국을 돌며 당시 일본 내의 전 직원 4,200명을 한 사람도 빠짐없이 면담했다고 한다. 기업 내부에서 먼저 공유되어야만 하는 핵심가치를 직원들 한 사람 한 사람에게 직접 전달하고 싶었던 것이다.

상위 기업들은 규모의 힘을 활용해 신제품을 속속 선보이며 자사의 판매시장을 넓혀갔지만, 테루모는 그런 방식으로 성공을 거둔 게 아니다. 테루모가 창업 시의 기업이념을 올곧게 실천하면서도 지속성장을 이룬 비결은 무엇일까?

아프지 않은 주사바늘

테루모를 대표하는 히트상품은 '아프지 않은 주사바늘'이다. 이런 주사바늘이 정말 있을 수 있을까? 아무리 나이가 들어도 주사바늘이 앞에 있으면 긴장하게 된다. 하물며 매일같이 주사를 맞아야 하는 중환자라면 얼마나 괴롭겠는가. 테루모는 당뇨병 때문에 인슐린을 매일같이 투약받아야 하는 사람이나 소아 환자들이 주사 때문에 고통받는 것을 덜어주기 위해 새로운 주사바늘 개발에 착수했다.

일본 금속 제조업체 중에서도 장인급으로 평가받는 오카노岡野工業와 손잡고 5년이라는 긴 시간을 투입해 끈질기게 연구개발에 매달린 결과 아프지 않은 주사바늘을 만들 수 있

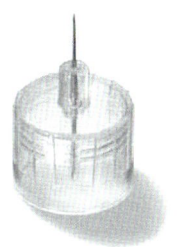

테루모는 인슐린을 매일같이 투약해야 하는 환자나 소아 환자들이 주사로 고통받는 것을 덜어주기 위해 '아프지 않은 주사바늘'인 나노패스 33을 개발했다.
자료 : http://www.g-mark.org/award/detail.php?id=31609

었다. 이것이 바로 세계에서 가장 가는 인슐린 투약용 주사바늘 '나노패스 33'이다. 2005년 일본에서 '굿 디자인상 대상'을 수상하기도 한 제품이다.

병을 치료하는 과정에서 어쩔 수 없이 수반되는 불편함과 고통을 테루모는 그냥 지나치지 않았다. 오히려 어떡하면 환자들이 조금이라도 나은 삶의 질을 누릴 수 있을지 고민했다. 그런 배려와 끈질긴 노력이 이런 성공을 가능하게 한 것이다.

새삼스레 범용품에 주목하다

또 하나, 테루모가 주의를 집중한 전략은 '범용품의 차별화'다. 의료현장에서 말하는 범용품이란, 예컨대 심장혈관 치료에 필수적인 가느다란 튜브 모양의 카테터^{catheter}나 카테터

사용을 도와주는 가이드와이어guide wire 같은 것이다.

그런데 범용품이란 게 원래, 이미 널리 보급되어 다양한 분야에서 사용되는 탓에 차별화가 어려워 제조업체에서 결국 가격으로 승부하게 되는 제품 아닌가. 그렇다면 기업 입장에서 범용품에 연구개발비를 들이기는 쉽지 않다. 그런데도 테루모는 새삼스레 이런 범용품들에 집중했다. 왜일까?

테루모는 의료현장 방문조사와 분석을 통해 범용품을 사용하는 의료진의 만족도가 그리 높지 않다는 사실을 알게 되었다. 어느 분야든 범용품은 다양하게 쓰이는 것이니만큼 기본적으로 품질이 중요한데, 의료업에서는 특히 그렇다. 범용품이 사용자에게 불편함을 주거나 품질이 떨어져 의사가 스트레스를 받게 되면 치료에 집중할 수 없고 당연히 환자도 좋은 의료서비스를 받을 수 없게 된다.

그래서 테루모는 현장 의료진의 의견을 수렴해 새로운 범용품들을 만들었고, 그중 하나가 카테터였다. 기존의 카테터는 발에 삽입해 치료했기 때문에 반드시 하루나 이틀 입원을 해야 했다. 불편함도 불편함이지만 경제적 부담이 적지 않았다. 이에 테루모는 손목에 삽입할 수 있는 카테터를 범용제품화했다. 그 자체의 가격도 저렴한 데다, 이 카테터를 이용하면 당일치료가 가능하므로 굳이 입원할 필요가 없어 병원과 환자 모두에게 환영받았다.

테루모의 노력은 의료업계 전체에 대한 공헌으로도 이어

졌다. 테루모가 설립한 모의병원 '메디컬 프라넥스Medeical Pranex'가 그 증거다. 2002년 설립 후, 2007년 4월 가나가와 현에 19억 엔을 투자해 의사와 간호사 등 의료관계자를 위한 최첨단 연수 시설을 증설한 것이다. 메디컬 프라넥스 설립 이래, 4만 명이 넘는 의료관계자들이 이곳을 방문해 다양한 프로그램을 통해 테루모가 개발한 고급 의료기를 직접 체험하고 그 기술을 습득해 갔다고 한다.

특히 전문의 과정에 들어간 레지던트들에게 연수 과정을 제공하는데, 그들의 실습을 통해 테루모 제품의 문제점과 개선점 등을 파악해 신제품 개발에 반영한다. 물론 전문의들은 당연히 미래고객이기 때문에 이러한 관계 강화로 마케팅 효과까지 동시에 얻고 있다.

기업과 의사 그리고 환자가 공유할 수 있는 의료기를 세심히 정성껏 만들려는 테루모의 노력은 2010년 '포터상' 수상이라는 결실로 이어지기도 했다. 포터상은 2001년 일본 히토쓰바시 대학 대학원 국제기업전략연구과에서 독자성 있고 우수한 전략을 실천해 높은 수익을 낸 기업이나 사업에 수여하는 상으로, 하버드 대학 마이클 포터 교수의 이름을 따서 만들었다. 이 상의 자문위원이기도 한 마이클 포터 교수는 테루모를 포터상 수상자로 선정한 이유에 대해 이렇게 밝혔다. "범용품에서 자사의 독자적 기술을 활용해 사용편이성과 치료효율성을 실현했으며, 환자의 육체적 부담을 최소한으로 줄여주고 종합적 비용 절감에도 기여했다."[27]

테루모의 사례에서 우리가 주목할 점은 기업 전체, 나아가 고객과도 넉넉히 공유할 수 있을 정도로 굳건한 핵심가치를 지녀야 한다는 것이다. 그리고 바로 그러한 기업이념이 어떤 세부 전략보다도 더 무서운 힘을 발휘할 수 있다는 사실이다. 당연하다고 여기던 곳에 기업 성공의 진짜 열쇠가 있는 것은 아닌지, 또 고객과 공유할 만한 핵심가치가 무엇인지 항상 자문해보아야 할 것이다.

트럭에 대한 새로운 생각, 스카니아

김근영

1900년부터 대형트럭을 생산하기 시작한 스카니아Scania(폭스바겐그룹)는 흔히 '대형트럭계의 롤스로이스'로 불린다. 1936년 세계 최초로 자체 제작 디젤엔진을 출시했고 이후 110여 년간 기술개발에 힘을 쏟는 한편, 여러 차례의 인수합병을 통해 성장을 거듭해왔다. 한국 내에서도 1967년 첫 판매를 시작한 이래 현재 수입 상용차商用車 부문에서 볼보Volvo, 만Man과 더불어 수위를 지키고 있다.

　스카니아가 100년 이상 트럭업계의 강자로 군림할 수 있었던 요인은 무엇일까? 그것은 한마디로 트럭에 대한 사람들의 고정관념을 깨뜨리고, 날마다 새로운 시도로 고객을 감동시켰기 때문이다.

'좋은 트럭'에 대한 새로운 정의

"운전자가 편해야 좋은 트럭이다." 이것이 '달리는 호텔' 같은 트럭을 지향하는 스카니아의 남다른 생각이다. 스카니아는 트럭에 대한 일반의 고정관념, 즉 '짐을 나르는 데 필요한 이동수단'이라는 생각을 깼다. 오히려 트럭은 '운전자들의 종합 생활공간'이라는 측면에서 접근했다. 실제로 트럭 운전자들은 직무 특성상 대부분은 먼 거리를 오랜 시간 동안 이동해야 하고, 따라서 그들에게 트럭은 일하고 쉬고 먹고 수면을 취하는 공간이 되곤 한다.

스카니아는 바로 이런 '사용자'의 입장에서 트럭에 대해 다시 생각했다. 그 결과 스카니아의 트럭에는 보통의 트럭에서는 볼 수 없는 아이디어 장치가 여럿 장착되어 있다. 예컨대 'R-시리즈' 트럭에는 장시간 내부에서 생활하는 운전자들을 위한 침대가 구비되어 있다. 또 동절기에 이동하는 운전자를 배려해 시동을 끈 상태에서도 침대 온도를 따뜻하게 유지할 수 있도록 침대에 히터를 내장했다.

스카니아의 트럭은 또 다른 기능성에도 신경을 썼다. 매트리스나 시트커버를 운전자가 자기 취향에 맞게 고를 수 있도록 했고, 수납공간은 운전자 동선을 고려해 최적화했다. 심지어 식사나 서류 작성 업무를 위한 접이식 탁자와 조명, 소형 포트까지 트럭 안에 구비해두었다. 그래서 스카니아 트럭의 운전자들은 "웬만한 캠핑카 못지않다"며 큰 만족감을 보인다.

운전자까지 변화시키는 똑똑한 트럭

스카니아 트럭에는 '드라이버 서포트 시스템driver support system' 이 있다. 운전자의 조작 내용과 주행 환경을 실시간으로 분석해 그때그때 적절한 정보와 가이드를 주는 신기한 프로그램이다.

스카니아가 이러한 시스템을 개발한 데는 이유가 있다. 트럭의 연간 유지비용에서 연료비가 차지하는 비중은 27%를 넘어선다. 다시 말해 연비 향상이야말로 운송업 종사자들이 비용을 절감하는 데 가장 시급하고 중요한 과제라는 이야기다.

이러한 고객들을 돕고자 한때 스카니아에서는 연비 향상을 위한 교육을 실시했고, 교육 이후 실제로 약 10% 개선효과가 나타나기도 했다. 그런데 문제는 시간이 흐르면 교육 이전의 상태로 돌아가기 일쑤라는 점이었다. 게다가 대형트럭을 운전할 정도의 베테랑 운전자들이니 웬만한 방법으로는 운전습관을 고치기가 쉽지 않았다.

그래서 스카니아는 다른 전략을 쓰기로 했다. 드라이버

서포트 시스템이 그것이다. 이 시스템은 마치 게임하는 것 같은 재미를 운전자에게 제공하면서, 자연스럽게 나쁜 운전 습관을 고칠 수 있도록 설계되었다.

예를 들어 언덕길 운전, 예측 운전, 제동장치 사용, 기어 단수 선택 등 크게 네 가지 항목으로 나누어 운전자의 조작 방식을 점수로 매긴다. 그러고는 더 나은 점수를 받으려면 어떻게 해야 하는지 그 방법까지 안내해주며 최고 점수에 도전하는 즐거움을 선사한다.

그러다 보니 30년이나 똑같은 구간을 오가던 운전자조차 이 시스템을 이용해 평균속도를 유지하면서도 11% 연비향상을 이루는 놀라운 결과가 나타났다고 한다.[28] 이 시스템을 통해 스카니아 트럭 운전자들은 올바른 운전습관을 유지하고 연료비는 물론 수리비나 타이어 비용 등 부수적 지출까지 줄이는 이중의 효과를 얻은 것이다.

대형트럭에 세단의 감성을 입히다!

스카니아 트럭이 지닌 또 다른 특색은 '디자인으로 승부하는 트럭'이라는 점이다. 흔히 대형트럭 하면 투박함, 거대함, 튼튼함 같은 이미지를 떠올린다. 사실 "트럭 디자인이 멋지면 뭐하나? 어차피 성능과는 아무 상관도 없는데……"라는 생각이 들 수도 있다.

그러나 스카니아는 트럭도 멋져야 한다고 생각했다. 스카니아 사에서 스타일링과 디자인을 총괄하는 크리스토퍼 한센Kristofer Hansen 수석은 말한다. "스카니아에는 스칸디나비안 디자인의 특성과 브랜드 아이덴티티가 빠질 수 없다." 여기서 말하는 스칸디나비안 디자인이란 '심플함', '모던함', '실용성'이라는 세 가지 콘셉트를 특징으로 한다. 그렇다면 스카니아는 어떤 방식으로 이 세 요소를 대형트럭에 적용했을까?

우선 가장 눈에 띄는 점은 승용차 느낌을 도입해 트럭 앞면의 각진 부분을 부드럽게 다듬은 것이다. 대신 트럭 양쪽에 에어 디플렉터를 달아 다이내믹하고 공격적인 느낌을 살려냈다. 멀리서도 한눈에 알아볼 수 있도록 고유한 디자인 아이덴티티를 부여한 것이다. 더욱이 앞면을 부드럽게 다듬은 덕분에 공기 저항이 줄어들어 결국 연비도 절감되는 일석이조의 효과까지 얻게 해준다.

트럭에 대한 고정관념을 깨고 새로운 시도로 고객을 사로잡은 스카니아, 사실 '새로운 시도'란 지금 하고 있는 일과 완전히 동떨어진 데서 시작되는 게 아니다. 현재 하는 일을 좀 더 세부적으로 제대로 이해해 미래의 발전을 위해 무엇이 필요한지를 찾아내는 통찰력이 있다면, 그것은 언제든 누구에게든 가능한 일이다.

'우리 제품은 원래 이렇잖아?' 또는 '우리 사업이란 게 어쩔 수 없지, 뭐' 하는 생각으로 고정된 틀에 갇히는 대신, 미처 드러나지 않은 고객의 니즈가 무엇인지 고민하다 보면 스카니아처럼 아주 특별하고 효과적인 시도를 해볼 수 있지 않을까.

고객을 위한 최고의 천 원, 다이소

홍선영

모든 기업에는 가장 기본적인 생존부등식이 적용된다. "들이는 비용보다 가격이 더 높아야 하고 가격보다 가치가 높아야 생존할 수 있다"는 부등식이다. 보통 '가치^{Value} 〉 가격^{Price} 〉 비용^{Cost}'으로 표현하는데, 가치와 가격 간의 차가 클수록 소비자만족도가 높아지고 가격과 비용 간의 차가 클수록 기업이윤이 높아진다.

이러한 생존부등식을 아주 독특한 방식으로 지켜내는 기업이 있다. 균일가 생활용품 기업 '다이소^{Daiso}'이다. 다이소는 '천 원'이라는 고정된 가격을 소비자에게 제공하면서도 가치는 높이고 비용은 낮춤으로써, 기업의 영원한 생존부등식을 만족시키며 승승장구하고 있다.

한국다이소의 경우, 1997년 국내에 첫 매장을 연 이래 2011년 매장 수 720개를 돌파하고 매출 6,100억 원을 달성하며 2006년 이후 연평균 42%의 성장률을 기록 중이다. 다이소를 보고 있노라면 천 원이라는 낮은 가격이 얼마나 이윤을 남길까 싶은 생각도 드는 게 사실이다. 그러나 티끌 모아 태산이라는 말도 있지 않은가. 다이소의 성공비결을 짚어보자.

싸서 사는 게 아니라 좋아서 산다

사실 오늘날의 다이소를 만든 것은 저렴한 가격이 아니라, '부자도 사고 싶어하는' 천 원짜리 제품을 만든다는 자부심이다. 과거, 다이소의 가장 큰 고민은 '저가 = 싸구려'라는 소비자의 고정관념을 어떻게 깨느냐였다. 아무리 천 원이라지만 '싼 게 비지떡'이라는 식으로 어설픈 제품을 공급하면 한 번은 팔 수 있어도 고객이 두 번 다시는 매장을 찾지 않을 테니까 말이다. 그래서 다이소가 채택한 전략은 무엇일까?

보통 기업들은 원가에 이윤을 더해 가격을 결정한다. 하지만 다이소는 이와 정반대로 고객의 시각에서 먼저 가격을 결정하는 구조를 택했다. 그리고 그 가격에 맞추기 위해 제조업체와 공동으로 철저한 시장조사와 상품 분석을 실시해 불필요한 디자인이나 기능을 없앴다. 또 제조업체에 대해서는 대량구매와 100% 현금결제를 함으로써 1원이라도 제조원가를 낮추고자 노력했다. 이런 식으로 다이소가 개발한 거래선이 전 세계 28개국 2,000여 개에 달한다. 이들 제조거점을 통해 매달 600가지 이상의 신상품이 100% 아웃소싱으로 제조되어 출시되는 것이다.

한국다이소의 경우만 봐도 그 실적과 성장은 경이롭다. 2009년 명동과 강남 등 핵심 상권에까지 당당히 진입해 어느새 유통의 주류로 발을 들여놓은 것이다.

이제 소비자들은 자신에게 필요한 제품을 사러 다이소에 간다. 결코 지갑이 궁해서 가는 게 아니라는 이야기다. 다이소 스스로 싸구려라는 인식을 벗겨낸 것이다.

다이소족族으로 만들어라

마케팅의 대가 필립 코틀러^{Philip Kotler}는 새로운 소비시장으로서 '마켓 3.0' 시대가 도래했다고 말한다. 과거에는 그저 제품만 잘 만들면 된다는 식으로 생산자 위주의 사고를 했지만, 이젠 그러한 시각에서 탈피해 소비자 중심으로 사고해야 하고, 따라서 소비자와의 소통과 공감이 중요한 시대라고 역설한 것이다. 다이소는 바로 이런 마켓 3.0 역량을 유감없이 발휘한다.

다이소는 고객이 직접 자기만의 개성과 스타일을 창조해 스스로 가치 있는 것을 만들어낼 수 있도록 도와주는 다양한 보조 제품을 내놓는다. 예를 들어, 초콜릿을 파는 게 아니라 초콜릿을 만드는 도구와 재료를 세트로 구성한 제품을 판다. 공간수납을 조정할 수 있는 바구니라든가, 마음껏 실내를 꾸밀 수 있는 인테리어 소품도 선보인다.

또한 다이소는 일찌감치 소셜 네트워킹 서비스[SNS]를 통해 고객과 소통의 폭을 넓혔다. '다이소 라이프'라는 인터넷 블로그를 기반으로 하면서, 트위터와 미투데이도 함께 운영한다. 이를 통해 소비자들이 다이소에서 구매한 제품들에 대해 쏟아놓는 다양한 의견을 수집하거나 고객의 아이디어를 참고해 신제품 출시에 활용한다. 아울러 다이소 제품들을 어떻게 활용하면 더 좋은지, 일종의 생활의 지혜도 제공한다.

그 결과, 다이소 쇼핑을 통한 '득템', 즉 다이소에서 좋은 아이템을 발견하거나 만족할 만한 물건을 손에 넣는 재미에 빠진 마니아층까지 생겨나, 그들을 '다이소족'이라 부르는가 하면 다이소 이용을 '다이소질'이라고 부르기도 한다. 이처럼 소비자와의 친밀한 소통을 통해 다이소는 물건을 사러 가는 공간에서 '둘러보는 재미가 있는 공간'으로 진화할 수 있었다.

'천 원'이라는 가격을 포기하지 않는 이유

알다시피 다이소는 박리다매를 추구한다. 그러나 이와 동시에 '박리로 사회에 이익이 되는 기업'을 만드는 것이 그들의 궁극적인 목표다. IMF나 카드 대란, 금융위기 등 불황기만 되면 우후죽순 생겨나는 게 바로 다이소 같은 저가 매장들이다. 하지만 그들 중 현재까지 생존해 있는 '천 원 숍'은 다이소가 유일하다. 그만큼 일반적인 저가 매장 사업은 이익구조 측면에서 보면 살아남기가 어려운 것이다.

비슷한 경영 콘셉트로 이 시장에 뛰어든 많은 기업이 위기가 닥치면 박리다매를 포기하고 쉽게 가격을 올림으로써 '저가'라는 최강의 무기를 잃어버린 채 시장에서 사라졌다. 사실 일본다이소에서도 이 같은 문제가 발생했다. 2005년부터 슬슬 가격을 올리는 추세를 보이더니 급기야 1만 엔대 제품까지 나온 것이다. 그러다 보니 다이소 고유의 가치가 사라지면서 경쟁이 더욱 심해졌고, 결국 2009년부터는 일본다이소도 다시 100엔 가격으로 돌아갔다.

한국다이소의 박정부 대표는 "다이소는 이익을 좇는 순간 망한다. 모든 것이 소비자를 위한 활동이라 생각해야 한다"고 강조한다.[29] 이윤이 적어 힘은 들겠지만, 많은 소비자의 구매를 통해 볼륨이 커지면서 지속적으로 이윤을 낼 수 있는 구조가 되어야 한다는 이야기다.

나아가 다이소는 자신들이 작은 이익을 추구하는 것은 곧 사회적 책임이라고도 생각한다. 소비자가 적은 돈으로 편의를 누리고 삶의 질을 향상할 수 있다면 다이소의 사회적 존재가치는 더 빛을 발하게 된다는 것이다. 실제로 한국다이소는 영업이익이 10억 원에 불과하다.[30] 영업이익은 낮지만, 그 대신 부채가 없고 적자를 내지 않기 때문에 꾸준한 성장이 가능했던 것이다.

한국다이소는 아직도 갈 길이 멀다고 박정부 대표는 말한다. 소비자들이 보다 저렴한 가격에 가치 있는 물건을 쉽게 구매할 수 있도록 더 많은 매장을 열 계획으로 2015년까지 개장할 매장 수 목표가 1,000개 안팎이다.[31] 다이소가 고객을 배려하는 초심을 지키고 고객 입장에서 먼저 생각하는 마음을 지금처럼 유지한다면 분명 앞으로도 더 큰 성장을 이룰 수 있지 않을까 기대하게 된다.

SERICEO 실전경영 03

- 변화와 도전만이 살길이다, 뱅앤올룹슨 · 백화점의 따뜻한 미래, 다이신 · 잠자는 조직을 깨워라, HCL 테크놀로지 · 일본항공의 부활, 그 비결은? · 머뭇거리지 않는 질병사냥꾼, 길리어드 사이언스 · 위기에도 강한 경영근육 만들기, 브리지스톤 · 토종기업이 시장을 지켜내는 비결 · 혁신의 대명사, 아수스텍 · 저물던 오페라의 화려한 부활, MET · 저성장 산업의 벽을 깨다, 야마다전기

제3장
진정한 고수는 위기라 쓰고 기회라 읽는다

변화와 도전만이 살길이다, 뱅앤올룹슨

이정호

빅히트를 기록한 영화 〈트랜스포머 3〉와 〈다크 나이트〉 그리고 〈악마는 프라다를 입는다〉는 한 가지 공통점을 가지고 있다. 범상치 않은 디자인을 자랑하는 동일 브랜드 제품이 소품으로 등장한다는 점인데, '베오사운드^{Beosound} 9000 CDP', '베오랩^{BeoLab} 5 스피커' 그리고 '베오컴^{BeoCom} 2 무선전화기'가 그 주인공들이다. 과연 어느 브랜드의 제품일까? 바로 럭셔리 라이프스타일이나 미래형 디자인을 이야기할 때 결코 빠지지 않는 기업, 뱅앤올룹슨$^{Bang\ \&\ Olufsen}$이다.

왼쪽 위부터 영화 〈트랜스포머 3〉에서 변신하는 베오사운드 9000 CDP, 〈다크 나이트〉 주인공 브루스 웨인의 집에 등장하는 베오랩 5 스피커, 〈악마는 프라다를 입는다〉에 등장하는 베오컴 2 무선전화기.

승승장구하던 뱅앤올룹슨의 추락

뱅앤올룹슨은 1925년에 덴마크의 피터 뱅Peter Bang과 스벤드 올룹슨Svend Olufsen이 설립한, 87년 전통의 럭셔리 AV기기 제조업체다. 디자인과 편의성 어느 하나도 양보하지 않는 것으로 유명한 회사다. 뉴욕현대미술관이 이 회사 제품을 18개나 영구 소장한 것에서 알 수 있듯이, 시대를 앞서는 미래형 디자인으로 명성이 높다. 1996년 4,000달러라는 고가에 출시된 베오사운드 9000 CDP는 '움직이는 조각'이라는 찬사까지 받았다.

뱅앤올룹슨은 디자인에 신경 쓰는 만큼 사용자의 편의를 높이는 기술 역시 그 누구보다 앞서 채용하는 것으로 알려졌다. 사용자 편의성을 극대화하기 위해 하나의 리모컨으로 거실뿐 아니라 집안의 모든 홈시어터 기기를 제어할 수 있는 베오링크^{BeoLink} 시스템을 이미 1985년에 도입했고, 2010년에는 조명, 커튼, 창문, 에어컨 제어는 물론 스마트폰과도 연동 가능하도록 만들었다.

그러나 승승장구하던 뱅앤올룹슨은 2000년대 들어 구조적 위기에 봉착한다. 수십 년간 핵심시장이 되어주던 유럽과 미국의 럭셔리 AV시장은 성장 정체기로 접어들었고, 반면 한국과 일본의 AV업체들은 럭셔리 AV시장을 잠식해 들어왔기 때문이다.

설상가상 2000년대 말에는 글로벌 금융위기까지 덮쳐와 뱅앤올룹슨의 경영실적은 급격히 악화되었다. 2007년 연매출 8억 5,200만 달러, 순이익이 2,300만 달러였던 뱅앤올룹슨은 불과 2년 만인 2009년에는 매출 4억 5,500만 달러, 순손실 543만 달러로 실적이 곤두박질쳤다.[1] 뱅앤올룹슨은 어떻게 이 위기를 돌파했을까?

이미 갖춘 핵심기술로 두 마리 토끼 잡기

가장 시급한 일은 사업다각화로 희석된 '혁신 브랜드' 이미지를 다시 끌어올리는 것이었다. 이를 위해 뱅앤올룹슨은 사업 포트폴리오 재편에 나섰다. 2000년대 초 시장에 진출했지만 사업부진을 겪던 MP3 플레이어, 휴대폰, DVD 레코더, 하드디스크 레코더 사업에서 손을 떼고, 본업인 사운드와 어쿠스틱 영역에만 제품개발 역량을 집중한 것이다.

그간 너무 많은 영역에서 신제품을 내놓다 보니 각 부문 모두 혁신성이 떨어지고 원천기술 공유가 어려워졌다는 판단이었다. 대신 기존의 기술을 활용해 브랜드 가치를 제고하면서도 새로운 소비자층을 발굴할 수 있는 신사업에는 투자를 아끼지 않았다.

2005년부터는 하이엔드 high-end 차량용 음향시스템시장 개척에 본격적으로 나서기 시작했다. 벤츠, 아우디, 애스턴 마틴, BMW 등 세계적인 명차 브랜드들과 잇달아 파트너십을 맺고 최고급 차종에만 제품을 탑재했다. 이 Car-fi 시스템의 핵심은 오디오 버튼을 누르면 앞좌석 양쪽에서 작은 스피커가 튀어나와 차 안 어디에서도 오케스트라 연주를 듣는 듯 생생하고 멋진 음질을 감상할 수 있다는 것이다. 이는 사실 뱅앤올룹슨의 고급 가정용 스피커 베오랩 시리즈에 적용돼 이미 음질을 검증받은 어쿠스틱 렌즈 기술을 소형화한 것이었다.

대규모 기술 투자를 새로 쏟아 붓기보다는 기존 기술의 적용 영역을 확대하는 방식으로 혁신을 단행했을 뿐이지만 그 결과는 매우 놀라웠다. 뱅앤올룹슨의 2010년 매출은 전년 대비 69% 성장했고, 2009년 9.7%를 차지하던 차량용 하이파

이 사업의 매출 비중은 2010년 15.8%까지 늘어났다.[2]

영리한 '전략 수정', 다시 히트 기업으로!

또한 뱅앤올룹슨은 생산시설을 해외로 이전함으로써 혁신의 분업화와 가격경쟁력 제고를 꾀했다. 본래 뱅앤올룹슨은 자사의 제품 전량을 덴마크 스트루어의 공장에서 수작업으로 생산하는 전통이 있었다. 그러나 위기를 이겨내려면 전통마저 바꾸지 않을 수 없었다. 2년여의 치밀한 입지선정 과정을 거쳐, 800만 유로를 투입해 체코 코프리브니체에 약 1만 7,000㎡ 규모의 해외 공장을 건설했고, 2006년부터 본격 가동에 들어갔다.[3]

생산거점을 옮긴 것은 단지 그곳이 덴마크 인근에 위치하면서도 인건비가 저렴해서만은 아니었다. 뱅앤올룹슨은 해외 공장에 기술센터를 함께 지어 덴마크의 개발인력 30여 명을 1차로 이전 배치하고, 기계와 엔지니어링 분야에 강한 인근의 오스트라바 기술대학과 협력 관계를 맺음으로써 R&D의 근거지로 삼겠다는 복안을 가지고 있었다.

장차 체코 공장은 안정적 품질과 가격 경쟁력을 함께 갖는 오디오 기기 개발과 생산에 집중하고, 덴마크 공장에는 본사의 혁신제품 개발역량을 결집해 Car-fi 같은 고부가가치 신사업을 키우겠다는 분업 전략을 추진한 것이다.

뱅앤올룹슨이 취한 또 하나의 전략은 신규고객 확대를 위해 'B1'이라 불리는 직영 숍을 보완하고 신제품 카테고리를 론칭한 것이다. 우선 이미 포화 상태에 이른 유럽의 전시판매장을 단계적으로 구조조정하는 대신 브릭스^{BRICs} 등 신흥국을 중심으로 직영 매장 수를 늘렸다. 2010년에는 실적이 저조한 유럽의 69개 매장을 폐쇄하거나 백화점 등에 숍인숍으로 입점 형태를 전환했고, 중국이나 러시아 등에 기존 매장 수의 2배가 넘는 56개 매장을 신규 오픈했다.[4] 나아가 미래고객인 젊은이들을 끌어당기기 위해 전속 매장만 고집하던 기존의 유통전략을 수정해, 애플 스토어 등에도 제품을 공급하고 있다.

또 뱅앤올룹슨의 주력제품인 홈시어터 시스템이 아닌, 상대적으로 구입하기 쉬운 단품이나 소품 중심으로 취급 품목을 특화했다. 실제로 2010년 말 출시된 아이팟용 도크 스피커 베오사운드 8은 999달러로 결코 싸지 않은 가격임에도 불구하고 출시 6개월 만에 2만 5,000대가 넘게 팔려 뱅앤올룹슨 창립 이후 최대 히트상품으로 등극했다.

2011년 3월에 새로 취임한 CEO 투에 만토니$^{Tue\ Mantoni}$는 보다 젊고 도발적인 디자인의 단품이나 소품에 적용될 서브 브랜드 론칭을 준비 중이라고 밝혔다. 뱅앤올룹슨은 이를 통해 기존 브랜드의 럭셔리함을 희생하지 않으면서도 시장에서 대중적 저변을 확대함으로써 두 마리 토끼를 잡겠다는 포부다.

때로는 오래된 전통이나 과거의 성공방정식이 변화의 적기를 놓치게 만드는 장애물이 되기도 한다. 그러나 뱅앤올룹슨은 어느 한 부분에서만 형식적 변화를 꾀한 것이 아니라, 사업의 원점에서 전통까지 포기하며 진정한 변화를 꾀했다. 제품 포트폴리오를 재정의하는 한편, 신시장과 미래고객을 개척하고, 파트너십을 쌓는 등 기존 브랜드의 핵심만 빼고 모두 바꾸는 환골탈태의 정신을 보여줌으로써, 그러한 도전만이 경제 저성장기를 극복하는 근본적 해법임을 알려준다.

무엇보다도 뱅앤올룹슨은 디자인이나 음향기술 등 필살기와도 같은 핵심역량을 먼저 갈고 닦은 뒤에 제품이나 지역 등 사업 영역 확대를 꾀해야만 성장동력의 불씨를 안정적으로 지킬 수 있다는 점을 다시 한 번 일깨운다.

백화점의 따뜻한 미래, 다이신

백창석

최근 일본의 백화점업계는 그야말로 위기의 나날을 보내고 있다. 오랜 경기불황과 고객들의 소비감소로 마이너스 성장이 이어진 까닭에 2008년부터 2010년 사이에만 대형 백화점 23곳이 문을 닫았다.[5] 더구나 도큐東急그룹의 도큐스토어와 월마트의 세이유西友 등 대형 유통체인들이 상권을 차지하기 위해 매일 격전을 벌이고 있다.

그런데 이런 흐름에 휩쓸리지 않고 지역 매출 1위 자리를 지키며 주변의 부러움을 사는 유통업체가 있으니, 바로 다이신 백화점이다. 도쿄 오타 구 오모리 역에 있는 이 백화점은 명성에 비해 규모가 그리 크지는 않다. 내부 인테리어도 백화점치고는 허름하다고까지 말할 수 있을 정도다. 그런데도 다이신 백화점은 반경 500m 이내에서 영업하는 각종 대형 유통체인과 백화점을 모두 제치고 6년 연속 흑자를 기록해, 지역 매출 1위 자리를 굳건히 지키고 있다. 그 비결은 무엇일까?

현장에 해법이 있다

다이신 백화점의 역사는 1964년으로 거슬러 올라간다. 설립 당시에는 다이신의 경영 스타일도 여느 백화점과 별로 다르지 않았다. 다른 백화점들처럼 점포 확장에 열중했고, 그래서 2000년대 초에는 '다이신'이라는 이름을 단 백화점이 7개로 늘어났다. 하지만 곧바로 찾아온 결과는 참혹했다. 빚만 100억 엔 남긴 채 다이신 백화점 전체가 무너진 것이다. 그 후 2004년 당시 건축설계회사를 운영하던 니시야마 히로시 西山敷가 백화점을 인수하면서, 다이신은 새로운 역사를 쓰게 된다.

　니시야마 히로시가 백화점 사장으로 취임한 뒤 가장 먼저 한 일은 '현장에 나가는 것'이었다. 직원들의 목소리는 물론이고 고객의 소리를 현장에서 직접 듣고, 경영의 해법 역시 현장에서 찾겠다는 마음가짐이었다. 과연 니시야마 사장이 현장에서 찾아낸 것은 무엇일까? 그는 현장에서 일하는 직원이라면 누구나 알고 있었지만 그 중요성까지는 미처 체감하지 못했던 매우 흥미로운 사실을 깨달았다.

현장으로 나간 니시야마 사장은 다이신 백화점 고객의 70%가 50세 이상의 연령대라는 점을 발견했다. 더욱이 백화점이 위치한 지역인 산노 3~4번지에 사는 인구 중에는 60세 이상인 사람이 28%나 된다는 사실도 알게 되었다. 이런 조사 결과를 토대로 니시야마 사장은 다이신 백화점의 목표를 다시 설정했다. "반경 500m 안에 있는 모든 사람을 다이신의 고객으로 만든다!"는 것이었다.

다이신 백화점의 상권을 반경 500m로 정하고 이곳을 싹쓸이하겠다는 원대한 계획이었다. 그런데 왜 하필 500m일까? 알다시피 초고령사회의 특징 중 하나는 지역 커뮤니티를 기반으로 하는 소상권이 발달한다는 점이다. 고령자들은 평소 이동거리가 길지 않다. 일본 국토교통성의 자료에 따르면, 65세 이상 고령자의 절반 이상이 하루에 1.5km 이상을 걷지 못하며, 75세 이상 초고령자의 경우 500m 이상 걷지 못하는 사람도 절반에 가깝다고 한다.[6] 따라서 다이신은 고령자 고객을 백화점의 타깃으로 삼아 한 번 이동할 때의 거리인 500m를 최대 상권 범위로 정한 것이다.

반경 500m라고 하면 언뜻 별것 아닌 듯 시시해 보일 수 있다. 하지만 경쟁이 치열한 도쿄에서 지역주민 모두를 백화점 고객으로 만들기가 쉬운 일일까? 결코 그렇지 않다. 그럼 구체적으로 다이신은 어떤 방법으로 이 원대한 목표를 달성할 수 있었을까?

고객이 원하는 '바로 그것'을 판다!

우선 다이신 백화점은 고객이 원하는 제품을 팔기로 했다. 다이신 백화점에 가본 사람들은 두 번 놀란다고 하는데, 일단 상품의 종류에 놀라고 그 다음엔 포장 단위에 놀란다는 것이다.

다이신 백화점은 모두 18만 종에 달하는 상품을 진열해 놓는다. 일례로 김치만 20종이 넘고, 김치를 포함해 절임 상품은 300종, 된장은 170종을 판매한다. 그뿐만이 아니다. 보통 백화점에 있는 최신 상품은 물론이고, 다른 백화점에선 찾을 수 없는 머릿기름, 포마드, 쥐덫, 카세트테이프, 세탁통과 탈수통이 분리된 구형 세탁기까지 없는 게 없다.

이런 물건들은 수요가 그리 많을 것 같지 않고, 또 어찌 보면 백화점의 품위를 떨어뜨릴 것 같기도 하다. 그런데도 다이신 백화점은 왜 이런 물건을 팔았을까? 이는 다이신이 주 고객으로 설정한 고령층을 세심하게 배려한 결과이다. 다이신 백화점은 노인용 캐리어와 보행기 등 고령용품은 모두 갖춰놓고 있다. 그 덕분에 멀리서 일부러 찾아오는 노인 고객도 많다.

그런가 하면, 다이신 백화점에는 유독 소포장 제품이 많이 진열되어 있다. 특히 식품 매장에 가보면 소포장의 진수를 느낄 수 있는데, 삼겹살 세 점짜리, 생선회 세 점짜리, 심지어 김밥 한 알짜리 상품도 있다. 아무리 박리다매라지만 그렇게 팔아서 뭐가 남을까 싶을 정도이다. 하지만 이는 이윤을 따지기 전에 먼저 소식하는 노인의 취향을 철저히 배려한 결정이었다.

주민이 행복해야 기업도 행복하다!

다이신 백화점의 또 다른 전략은 고객, 즉 반경 500m 이내에 사는 모든 주민을 행복하게 만든다는 것이다. 다이신 백화점의 이벤트 가운데 지역주민들의 열광적인 지지를 이끌어낸 아이디어가 두 가지 있다. '배달 도시락'과 '마쓰리(축제)'가 그것인데, 이는 주민을 행복하게 만들기 위한 고민에서 탄생했다.

배달 도시락은 2009년에 처음 시작한 서비스로, 지역 고령자들을 내 가족처럼 배려하겠다는 마음이 듬뿍 담겼다. 도시락 가격은 단돈 500엔이다. 우리 돈으로 7,000원이 조금 넘는 가격이지만 주문하면 집까지 배달해준다. 그런데 여기에는 한 가지 중요한 임무가 포함되어 있다. 바로 노인의 안부를 확인하는 것이다. 도시락을 배달하면서 노인의 건강을 살피고, 혹시라도 쓰러져 있다거나 하면 곧바로 긴급전화를 걸어 응급조치를 취한다. 말하자면 백화점이 나서서 사회안전망 역할을 담당하는 것이다.

또 하나의 백화점 이벤트인 마쓰리는 2008년부터 시작했는데, 2011년에는 이틀 동안 2만 2,000명이 찾아올 정도로 유명한 지역축제로 자리매김했다. 마쓰리 기간 동안에는 니시야마 사장이 직접 직원들을 진두지휘해 각종 구이와 꼬치 등 먹을거리를 제공하고 조랑말이나 증기기관차 타기, 물고기 잡기 등의 놀이행사를 펼친다. 백화점이 지역주민들을 대상으로 큰 마을잔치를 여는 셈이다.

그중 신입사원들이 몇 달이나 준비해서 선사하는 마쓰리 공연은 백화점 신규 직원들이 주민들에게 일종의 신고식을 치르는 것이라 할 수 있다. 그만큼 다이신 직원들은 주민들과 더 가까워지기 위해 작은 부분까지 노력한다. 참고로, 지역 어린이들에게는 각종 무료 체험권과 식사권을 미리 나눠줌으로써 어린이들도 즐겁게 축제에 참가할 수 있도록 배려한다. 니시야마 사장은 "해마다 축제비용으로 1억 엔 이상을 쓰지만 결코 돈으로는 살 수 없는 소중한 것을 얻는다"고 말한다.

다이신 백화점의 1등 비결은, 어찌 보면 다소 비효율적이고 상식을 벗어난 경영으로 일관한 데서 비롯된 게 아닐까 싶기도 하다. 한두 사람이라도 찾는 물건이 있다면 그들을 위해 그것을 준비해두고, 별 이윤이 남지 않는 배달 도시락 사업을 벌이며, 매년 1억 엔 넘는 돈을 축제 비용으로 쏟아붓기가 결코 만만한 일은 아니다. 그렇지만 다이신 백화점은 지치지도 않고 그 일을 매일매일, 해마다 해오고 있으니 보통 신념으로는 불가능한 일일 것이다.

그러나 "고객이 행복해야 기업도 행복할 수 있다. 고객을 행복하게 만드는 것이 곧 성공의 지름길이다"라는 단순한 진리를 다이신 백화점은 몸소 실천했고 또 성공을 거두었다.

니시야마 사장은 강조한다. "우리는 이익을 지역에 환원한다. 우리의 목표는 다이신이 마을의 상징이 되고 커뮤니티의 중심이 되는 것이다. 지역 중소업체의 생존 노하우도 바로 여기 있다."[7]

잠자는 조직을 깨워라, HCL테크놀로지

정태수

세계적인 경영전략가 게리 하멜Gary Hamel이 극찬해 마지않는 기업, 《포브스》가 선정한 아시아 유망 기업, HR 컨설팅 그룹 휴잇 어소시에이츠Hewitt Associates가 뽑은 가장 일하고 싶은 글로벌 기업 1위, 5년간 매출 2.5배 성장, 이익률 EBITDA• 2.5배 성장 등 화려한 이력을 가진 인도 기업이 있다. IT 서비스를 제공하는 HCL테크놀로지다.

HCL테크놀로지의 역사는 30년이지만 요즘 이 회사가 누리는 명성은 현 CEO 비닛 나야르 Vineet Nayar가 불과 5년 만에 일군 성과라 더욱 놀랍다는 평가다. 비닛 나야르의 이 혁신

• Earnings Before Interest, Taxes and Depreciation and Amortization.

을 기업문화 혁신의 본보기로서 세계 비즈니스계가 주목하는 이유다.

《하버드 비즈니스 리뷰》는 비닛 나야르의 이야기를 특집 인터뷰 기사로 소개하기도 했다. 비닛 나야르의 혁신은 종업원들의 의욕과 열정을 일깨워 이를 기업 성과로 연결시킨, 진부하지만 어려운 주제를 실천한 이야기로 각광받았다.

마음을 전하기 위해 춤추는 CEO

비닛 나야르는 2005년에 부임했는데, 당시 HCL테크놀로지는 인도의 경제성장 분위기와 과거의 성공에 갇혀 있는 구태의연한 모습이었다. 시장점유율은 계속 떨어졌고 서비스에 대한 고객 불만도 끝없이 쏟아져 나왔지만, 조직 내에는 인도의 IT 성장에 대한 기대감에 따른 근거 없는 낙관론만 팽배했다. 도래할 변화에는 심드렁한 채 경영진이 점차 전형적으로 관료화되는 모습을 보였던 것이다.

문제가 무엇인지도 모르는 조직을 개선하기 위해 비닛 나야르는 우선 '거울에 비춰보기' 운동을 시작한다. 전 세계에 흩어져 있는 HCL테크놀로지 지사와 고객사를 전부 방문하고 크고 작은 토론을 수백 번이나 이끌면서 모든 구성원이 '거울 속 진실'과 대면하도록 한 것이다. 그 와중에 비닛 나야르는 특이한 사실 하나를 발견하게 된다. 조직 내부에서는 상품과 서비스의 문제점을 이야기하고, 고객사에서는 HCL테크놀로지 직원들에 대한 불만을 이야기한다는 것이다. 이로써 그는 HCL테크놀로지의 가치란 결국 고객과 일선 직원이 만나는 접점에서 창출되는 것임을 깨닫는다.

바로 이 대목에서 비닛 나야르는 'EFCS Employees First, Customers Second'를 떠올렸다. 즉 '종업원이 우선, 고객은 그 다음'이라는 독특한 경영기조를 HCL테크놀로지의 모든 업무와 운영에서 기본 방침으로 삼기로 한 것이다.

그러나 CEO의 적극적 의지 표명에도 불구하고 조직원들은 여전히 심드렁했다. 아직도 잠에서 깨어나지 못하는 조직을 일으키기 위해 비닛 나야르는 누구도 생각지 못한 방법으로 자신의 진정성을 내보인다. 관리자 수천 명이 모이는 딱딱하고 답답한 분위기의 경영전략회의 자리에서 갑자기 인도 음악에 맞춰 우스꽝스러운 춤을 춘 것이다. 참석자들은 모두 경악했지만, CEO가 땀에 옷이 젖어가며 진심을 전달하고자 애쓰는 모습에서 마음을 움직이게 된다. 비즈니스계에서 회자되는 꽤 유명한 일화다.

조직 피라미드를 뒤집어 문제를 해결하다

사실 그때까지 HCL테크놀로지는 일선 직원이 감독 관리자의 요구를 따르기만 하면 되는, 전형적인 피라미드형 조직 구조였다. 다시 말해 직원들 스스로 자신의 현장 경험을 바탕으로 부가가치를 창출하기는 어려웠다. 그래서 비닛 나야르는 기존의 조직 피라미드를 뒤집는 방법을 구상한다. 즉 인사 및 재무 책임자나 CEO 같은 경영진이 일선 직원의 조직구조 아래로 들어가는 방식이 가능한지 고민하기 시작한 것이다.

그 후 비닛 나야르는 일선 현장 직원들이 잘못된 상황을 목격했거나 불만 사항 및 서비스 제안이 있을 때 이를 자유로이 경영진에 전할 수 있도록 '스마트 서비스 창구'를 개설했다. 누구라도 '티켓'을 끊어 지원 요청을 할 수 있고, 만약 이 티켓을 받은 관리자가 문제를 24시간 이내에 해결하지 못하면, 그 티켓이 다시 명령 계통을 따라 더 위쪽으로 타고 올라가도록 설계한 것이다. 이 놀라운 시스템은 매우 효과적이었다. 실행한 지 얼마 되지 않았는데도 약 3만 건의 티켓이 발부되면서 당면 문제가 해결된 것이다.

또 'U&I'라는 사내 온라인 포럼을 설치해 직원들이 어떤 문제라도 거리낌 없이 쏟아내게 했고, 경영진 역시 모든 의견에 대해 솔직히 피드백했다. 물론 시행 초기에는 거친 표현과 욕설이 난무했지만, 내용과 표현을 검열하지 않고 경영진이 성심껏 응대하자 종업원의 신뢰가 점점 높아졌다. 그 결과 지금 U&I는 조직 내에 생겨나는 불만을 알려주는 조기경보기 역할을 톡톡히 해내고 있다.

한편 일과 놀이의 구분을 없애기 위해 '직원우선위원회'도 설치했다. 문화, 오락, 기술 등과 관련해 비슷한 관심과 열정이 있는 직원들을 각종 위원회로 집결한 것이다. 이 제도 덕분에 '클라우드 컴퓨팅 기술' 모임 같은 것이 형성되면서 일종의 사내 벤처 역할까지 수행했다. 2011년에는 2,500여 개의 위원회가 참신한 아이디어와 전략적 통찰을 제시했는데, HCL테크놀로지의 매출 20%가 이 위원회들의 제언에서 발생되었다고 말할 수 있을 정도로 그 역할이 컸다.[8]

자율성과 함께 적절한 긴장감 유지

그렇다고 HCL테크놀로지가 자율성만 강조했던 것은 아니다. 경영수치를 직원들과 공유하지 않는 한 직원들이 실질적으로 힘을 받는다는 느낌은 없으리라는 판단에 따라 전략적 경영정보는 직원들의 '알 권리'로 규정하며 전사적으로 공유했다. 그리하여 팀 단위로 그때그때 실적을 통보해주는 등 구체적으로 정보를 공개했는데, 이것이 팀 간 경쟁심리를 자극했다. 실적이 좋지 않은 팀은 실적을 개선하기 위해, 실적이 좋은 팀은 우수한 실적을 계속 유지하기 위해 안간힘을 다하는 조직문화가 형성된 것이다.

아울러 사내 온라인에 '나의 청사진' 코너를 새로 만들었다. 이는 300여 명의 관리자가 각자의 사업계획서를 누구나 볼 수 있도록 온라인상에 올리는 '온라인 기획 절차'였다. 특히 각 계획서에 오디오 프레젠테이션까지 첨부하도록 하여 전 직원 8,000여 명이 게재된 사업계획서를 살펴본 뒤 다양한 아이디어를 덧붙일 수 있도록 했다. 이 역시 팀 사이에 자연스럽게 경쟁을 독려하는 방법이 되었다.

한편 수평적 상호평가는 물론 상하 간에도 상호평가를 내릴 수 있는 포괄적 360도 다면평가 제도도 도입했다. 이 제도를 통해 직원들이 자신들에게 영향을 미치는 관리자에 대해 익명으로 평가하되 평가 내용을 공개함으로써 관리자들이 자신들의 권한을 좀 더 책임감 있게 행사하도록 유도한 것이다.

게리 하멜은 "CEO는 직원들의 능력과 아이디어를 최대한 이끌어내려면 무엇을 해야 하는지 끊임없이 묻는 경영설계사가 되어야 한다"고 주장해왔으며, 그런 맥락에서 HCL 테크놀로지에 대해서도, "비닛 나야르의 혁신은 거창한 마스터플랜 없이도 새로운 경영모델을 제시한 것"[9]이라며 극찬했다.

 HCL테크놀로지 사례는 조직 내 소통의 진정성이 경영에서 얼마나 핵심적인지를 보여준다. 많은 경우, 자의든 타의든 경영자가 진정성을 잃고 힘이 빠져버리는 경우가 적지 않기 때문이다. 그렇게 되지 않으려면 CEO에게 혁신의 진정성이 있어야 하고, 다소 듣기 싫은 비판적 의견이 나오더라도 그것과 마주할 수 있는 용기가 필요하다.

 자신이 시도했던 혁신이 과연 진정한 소통에 기반을 둔 것이었는지, 솔직한 마음으로 조직이라는 거울을 마주할 용기가 스스로에게 있었는지 한 번쯤 자문해볼 일이다.

일본항공의 부활, 그 비결은?

이정호

일본항공 JAL 은 한때 '일본의 날개'임을 자부했지만 방만한 경영으로 점차 파탄 지경에 이르렀다. 그 후 현재까지 뼈를 깎는 노력으로 변신과 부활을 모색하고 있다.

몇 년째 경영부진의 늪에서 허덕이던 일본항공은 2009년 3/4분기까지 1,208억 엔에 달하는 영업적자를 기록했고, 같은 해 12월에는 미국의 신용평가회사 스탠더드&푸어스 Standard & Poor's 에 의해 채권등급 'CC'에서 최하급인 '선택적 디폴트'로 강등되더니, 결국 2010년 1월 2조 3,221억 엔이라는 막대한 부채를 떠안고 도산 위기를 맞았다.

하지만 최고경영자가 교체되면서 조직 구성원 전체를 대상으로 한 의식 개혁에 착수했고 사업 규모를 이전의 3분의

2 수준으로 슬림화하는 등 불확실성 속에서도 확실한 수익이 나오는 구조로 경영체질을 착실히 강화해왔다. 그 결과 2010년에는 1,884억 엔의 영업이익을 달성해 전 세계 항공사 중 최대 이익을 기록했고, 2011년 9월 중간결산에 따르면 그해 영업이익이 501억 엔인 전일본공수 ANA의 2배가 넘는 1,061억 엔의 영업이익을 기록했다.[10] 법정관리 1년 만에 'V자 실적 회복'의 가능성을 확보한 것이다. 일본항공이 도산의 위기에서 다시금 부활의 날개를 편 비결은 무엇일까?

중환자 공룡기업을 구하러 온 '경영의 신'

도산 위기를 맞던 2010년, 일본항공은 매우 복합적 요인에 의한 고질병에 시달리고 있었다. 1978년 엄연히 민영화된 기업인데도 정부의 특혜 속에 낙하산 인사를 임원으로 앉히는 관치경영이 만연했다. 또 지방자치단체의 전시행정에 휘말려 100개가 넘게 난립한 지방공항에 모두 취항하는 비효율을 감수해야 했다. 그뿐만이 아니었다. 복잡하게 뒤얽힌 8개 노동조합과의 이해관계와 퇴직금 부채 문제까지 맞물려 적자 운영을 피할 수 없었다. 한마디로 치료가 어려운 중환자 공룡기업이 되고 만 것이다.

'경영 부재'라는 비난까지 듣던 일본항공이었으니 고질

병을 근본적으로 치료하지 않으면 안 되는 상황이었다. 이때 구원투수로 급거 투입된 사람이 바로 교세라의 명예회장 이나모리 가즈오稻盛和夫이다.

교세라를 창업해 세계적 기업으로 만들고 도산 직전이던 레이저프린터 제조업체 미타를 회생시키며 '살아 있는 경영의 신'으로 존경받는 인물이다. 이런 경력을 가진 이나모리 회장은 과연 생존의 기로에 선 일본항공에 어떤 처방을 내렸을까?

초심으로 돌아가라

당시 이나모리 회장은 78세 고령인 데다 항공업체를 경영한 경력이 전혀 없었다. 하지만 그랬기 때문에 그는 타성에 젖지 않은 외부인으로서 당당하게 조직을 향해 "변화해야 한다"고 요구할 수 있었다. 그러나 그는 단지 직원들에게만 어려운 요구를 한 것이 아니라, 그 스스로도 연봉을 받지 않은 것은 물론이고 아침 8시에 출근해 저녁 9시 이후에 퇴근하는 배수진의 모범을 보였다.

그러면서 그는 일본항공이 사업을 시작하던 때의 초심으로 돌아가자고 강조했다. 그간의 '항공 = 운송업' 마인드에서 탈피해 '항공 = 서비스업'이라는 마인드를 강조하면서,

일본항공의 구원투수 이나모리 가즈오 회장은 '항공=서비스업'이라는 마인드를 강조했으며, 2011년 4월에는 창업의 초심을 지켜나가겠다는 의미에서 초기 로고 쓰루마루를 재도입했다.

경영진을 비롯한 모든 사원이 고객 지향적으로 생각을 바꾸도록 이끌었다. 1958년부터 사용되었지만 2002년 JAS$^{Japan\ Air\ System}$와 합병할 때 폐지한, 창업 초기의 로고 쓰루마루鶴丸를 2011년 4월에 재도입한 것도 그런 취지에서다. "고객을 환대한다는 그 초심을 지켜나가겠다"라는 뜻을 담은 상징적 조치였다.

2011년 10월에는 57년 전 국제선이 프로펠러기를 달고 취항하던 당시에 고객에게 제공한 기내식 메뉴를 고증해 그대로 서비스하는 이벤트를 여는 등 일본의 대표 항공사는 어디까지나 일본항공뿐임을 고객에게 호소했다.

체질 개선을 위한 '아메바 경영'의 도입

또 이나모리 회장이 착수한 혁신은 일본항공의 기업체질 개선이었다. 즉 기존의 일본항공은 정치논리에 의해 더 많이 움직였지만, 이젠 시장논리와 기업논리로 움직여야 한다는 것이었다. 그간 일본항공은 겉으로는 민영기업이었지만 공공성을 빌미로 비효율을 용인하는 방만한 공기업의 행태와 체질을 떨쳐버리지 못했다.

이나모리 회장은 자신의 트레이드마크인 '아메바 경영' 방식을 적용해, 일본항공이 시장에 기민하게 반응하는 경영 체질로 다시 태어나도록 했다. 이미 교세라를 성공시키며 유명해진 이 아메바 경영은 간단히 말해 조직을 '아메바'라는 독립채산의 작은 집단으로 나누고 이들 간의 거래와 협력과 경쟁을 통해 시간당 채산을 극대화하는 경영방식이다.

이나모리 회장은 자신이 속한 부문의 수지를 흑자로 만들어야 한다는 구체적 미션을 직원 개인 단위로 할당하는 부문별 채산제를 운영함으로써 일본항공 전체의 수익성을 높였다.

예를 하나 들어보자. 임직원이 지방출장을 갈 일이 있다면 우회하는 한이 있더라도 신칸센 대신 일본항공의 항공편을 이용하게 했다. 그렇게 해서 연간 640억 엔에 달하는 출장경비를 절감할 수 있었다.[11]

그러나 아메바 경영은 단순히 비용만 줄인 게 아니었다. 직원들이 좀 더 변화에 민감해지게 만들었고 실행력도 높이는 성과를 가져왔다. 기존에는 반년에 한 번씩만 취항 노선을 조정할 만큼 직원들의 업무처리가 느렸지만, 2010년 이후에는 시장수급 사정에 맞춰 한 주 단위로 발 빠르게 노선을 재편해 '날마다 수익이 나는 항공편을 띄우는' 다이내믹한 조직으로 변하기 시작한 것이다.

해오던 대로만 하면 망한다

타성에 젖은 구성원들에게 경종을 울리기 위한 가시적 조치도 취했다. 뼈를 깎는 다운사이징을 단행한 것이다. 수익성이 낮은 국제선 노선은 42% 줄이고 국내 노선도 27%를 없앴다. 이에 따라 적자노선 취항 공항 이용료로 해마다 영업이익의 9%가량을 허비해왔는데 더는 그러지 않아도 되었다.[12]

휴가철 성수기가 아닌 한 가동률이 낮았던 설비 및 관련 인력의 불합리 문제를 해결하기 위해 종업원의 30%가량을 감축하고 연봉도 20~30% 대폭 삭감했다. 그뿐 아니라 비행기 보유 규모도 줄였다. 한때는 세계에서 보잉기를 가장 많이 갖고 있다고 자부하던 영광을 뒤로하고 B747이나 A300 같은 대형 비행기를 대거 퇴역시키는 대신 효율성이 높은 소형 기종으로 교체해 탑승률과 객단가를 동시에 높였다. 이전의 대형 기종은 연비효율이 떨어지고 좌석이 너무 많아 표가 남으면 가격을 내릴 수밖에 없다는 문제가 있었는데, 이를 근본적으로 해결하기 위한 조치였다.

최근 위기 속에서 자기역량을 재창조해 다시 도약하는 '복원력'의 중요성이 주목받고 있다. "그간 해왔던 대로 계속 장사한다면 절대 성공하지 못한다. 다음 단계의 표준The Next Normal이 필요하다." 파산보호 신청으로 '망했다'라는 소리를 듣던 GM을 2년 만에 세계 자동차 판매대수 1위 기업으로 부활시킨 댄 애커슨Dan Akerson 회장의 말이다.[13]

일본항공의 사례 역시 사업의 원점인 초심 회귀, 그리고 정신적 대오각성의 중요성을 보여준다. 요컨대, 그저 부분적 개선이 아닌 체질과 행동의 획기적 재검토가 수반될 때 비로소 혁신이 가능하며 위기의 늪에서도 헤어 나올 수 있음을 말해주는 것이다.

머뭇거리지 않는 질병사냥꾼, 길리어드 사이언스

채승병

2009년 신종플루가 전 세계를 뒤흔들었다. 죽음에 이를 수도 있다는 신종플루에 대한 공포로 사람들은 조금만 감기 기운이 느껴져도 재빨리 병원으로 달려가 공인된 신종플루 치료제 타미플루를 처방받으려고 아우성이었다. 타미플루 생산업체인 스위스의 로슈Roche는 2009년에만 무려 4조 4,000억 원의 매출을 올렸다. 그런데 이 막대한 매출액의 일부를 고스란히 주머니에 챙긴 알짜 기업은 따로 있었다. 바로 타미플루의 물질특허를 보유한 미국의 길리어드 사이언스Gilead Sciences였다.

길리어드 사이언스는 타미플루를 개발한 생명공학 기업이다. 더욱 고무적인 것은 타미플루 개발의 주역이 한국인

김정은 박사라는 사실이다. 김정은 박사 등의 활약에 힘입어 길리어드 사이언스는 독점 특허 사용료로 로슈로부터 타미플루 매출의 22%를 챙겨 간다. 그러나 이조차 길리어드 사이언스가 거두는 수익의 일부에 지나지 않는다. 주력상품인 에이즈 치료제를 중심으로 길리어드 사이언스가 2011년 한 해 동안 벌어들인 순수익은 무려 28억 달러(약 3조 1,000억 원)에 이른다. 전 세계 제약업계가 치열한 경쟁 속에서 고전하는 와중에도 쏠쏠한 수익을 챙기고 있는 대표적인 생명공학 기업이라 할 수 있다. 그렇다면 나날이 커가는 길리어드 사이언스에는 어떤 놀라운 성공 시스템이 작동하고 있는 것일까?

환자의 고통을 먼저 생각한다

길리어드 사이언스(이하 '길리어드')는 1987년에 설립된 전형적인 바이오벤처 기업이다. 설립 초기에는 히트제품이 나오지 않아 고전했지만, 1990년대 말 타미플루를 출시하면서 위기에서 벗어났다. 하지만 뭐니 뭐니 해도 길리어드의 대표 상품은 인류를 위협하는 치명적인 질병인 에이즈를 치료하는 약이다.

1980~1990년대에 에이즈는 뾰족한 백신도, 치료제도 없

는 무시무시한 재앙이었다. 그러나 과학자들의 노력으로 효과를 보이는 항바이러스제가 개발되면서 치료의 길이 열렸다. 길리어드는 2001년 미국 식품의약국^{FDA}으로부터 신약 비리어드^{Viread}를 승인받은 이래 우수한 에이즈 치료제를 연달아 내놓으며 에이즈 퇴치의 선봉으로 각광받았다. 그 결과 2001년 매출 2억 3,000만 달러에 영업적자만 1억 2,000만 달러를 기록한 회사가, 창업 25년이 지난 오늘날에는 매출 84억 달러에 영업이익률이 45%대에 이르는 회사로 발돋움했다. 시가총액도 약 360억 달러에 달해 암젠^{Amgen}에 이어 세계 2위의 기업가치를 자랑하는 생명공학 기업이 되었다.

　길리어드의 이러한 성공은 단지 뛰어난 제약기술을 개발했기 때문만은 아니다. 환자들의 고통을 먼저 이해하고 이를 제품개발로 연결시킨 것이 주효했다.

　에이즈를 치료하려면 인간면역결핍바이러스, 즉 HIV의 증식 단계에 작용하는 여러 종류의 약을 다량으로 꾸준히 복용해야 하는데, 이는 환자 입장에서 매우 번거롭고 고통스러운 일이었다. 갖가지 부작용에 시달리면서도 하루에 수십 개씩 알약을 삼켜야 했기 때문이다.

　길리어드는 바로 이 점에 주목해 환자의 어려움을 덜어주는 복합 에이즈 치료제를 연이어 출시했다. 예를 들어 2004년에 승인된 트루바다^{Truvada}는 두 가지 성분을 하나로 합친 복합제제였다. 그리고 2006년에는 트루바다에 브리스톨 마이어스 스큅 사에서 내놓은 약인 에파비렌즈 성분을 더한 3종 복합제제 아트리플라^{Atripla}를 내놓게 된다.

이런 노력 덕분에 환자는 복용해야 하는 알약의 수가 줄어 고통을 덜 수 있었다. 이는 물론 회사에도 큰 이익을 안겨주어, 아트리플라는 현재까지도 미국에서 가장 인기 있는 에이즈 치료제로 확고히 자리 잡고 있다.

철저한 협업과 가치의 공유

신약개발 과정에서 철저한 협업을 중시하는 것 역시 길리어드의 성공비결 중 하나다. 바이오 제약업계는 단순히 알약 만드는 공장이 아니다. 좋은 신약을 만들려면 화학, 생물학, 의학에 걸쳐 광범위한 실험 데이터가 필요하며, 우수한 과학자들의 치밀한 연구가 뒷받침되어야 한다. 그러므로 철저한 협업은 선택이 아니라 필수 조건이다.

길리어드는 연구인력을 충원할 때도 협업에 익숙한 사람, 함께 가치를 만들어가는 과정을 중시하는 인재를 뽑는다. 회사의 큰 틀을 잡고 의사결정을 내리는 것은 경영진의 몫이지만, 길리어드 같은 기술기업일수록 협업 과정에서 파생되는 현장 연구원들의 수많은 아이디어가 전략 수립의 중요한 기반이 되기 때문이다.

　더 나아가 길리어드의 협업 시스템은 내부에 머물지 않았다. 사실 미국의 주요 바이오 제약 기업과 연구기관은 샌프란시스코에 모여 있어 마음만 먹으면 얼마든지 기초연구자들과의 공동연구가 가능하다. 길리어드는 바로 이런 지리적 강점을 십분 활용해 자체 연구진에만 의존하지 않고 제약 연구자들 사이에 네트워크를 만들어 기초연구 역량을 성장시켰다.

위기는 끝이 없다, 도전도 끝이 없다!

이렇듯 탄탄한 길리어드이지만 그래도 안심할 상황은 아니다. 글로벌 제약업체들은 대부분 알짜배기 블록버스터 약품들의 특허만료와 보건당국의 까다로운 신약승인 절차 때문에 어려움을 겪고 있다. 길리어드도 예외는 아니다. 길리어드의 수익을 책임져온 약품은 주로 에이즈 치료제에 집중된 반면, 알토란 같은 이 시장에 진입하려는 경쟁자들의 움직임도 만만찮게 거세지고 있다.

　그리고 인플루엔자의 특성상 가까운 미래에 타미플루로도 효과가 없는 더 강력한 인플루엔자가 출현할지 모른다. 이 역시 길리어드가 헤쳐나가야 할 방해요인 중 하나다. 새로운 혁신기술로 도전하는 경쟁기업, 그리고 새로운 돌연변이로 몸을 바꾸며 도망치는 바이러스까지, 양 측면의 도전을 동시에 받아내야 하는 상황인 것이다.

이런 위기에 대해 길리어드가 세운 대응전략은 두 가지다. 첫째는 기존의 강점을 더욱 강화해 주력제품인 에이즈 치료제의 글로벌 주도권을 확대한다는 것이다. 기존의 3종 복합제제를 넘어 네 가지가 복합된 신종 에이즈 치료제 출시를 준비하는 한편, 글로벌 마케팅에도 열심이다.

현재 전 세계에는 약 3,500만 명의 에이즈 환자가 있지만, 미국을 중심으로 영업해온 길리어드의 치료제는 그중 17%인 200만 명 정도에게만 투약되고 있다. 이런 한계를 극복하기 위해 길리어드는 일본의 아스텔라스Astellas 제약, 다이니폰 스미토모 제약大日本住友製藥, 글락소스미스클라인GlaxoSmithKline 등 각 지역의 유력 제약 기업들과 파트너십을 맺고 글로벌 시장 공략에 박차를 가하고 있다.

또한 길리어드는 시시각각 다가오는 위기에 맞서기 위해 또 다른 질병 영역으로 진출하는 과감한 도전을 준비 중이다. 최근 특히 주목하는 분야는 인류의 오랜 숙적인 '암'이다. 인간 게놈 프로젝트로 인간 유전자에 대한 매우 세세한 정보를 얻게 되면서, 실제로 새로운 항암치료제 개발 가능성이 열리고 있기 때문이다.

길리어드는 이 부분의 역량을 좀 더 빠르게 확보하고자

2010년부터 CGI 제약, 어레스토 Arresto 제약, 칼리스토가 Calistoga 제약 3사를 인수했다. 모두 암세포 증식에 대한 요긴한 정보와 지식을 축적한 기업들이다. 아울러 길리어드는 예일 대학교와 공동으로 진행하는 암 연구 프로그램을 추진 중이다.

초심을 잃지 않고 협력하며 끊임없이 배워라

경쟁 시장에는 우수한 인재와 기술을 갖춘 신생기업이 끊임없이 진입하지만 이들 중 끝까지 성공하는 기업은 극히 드물다. 대부분은 이미 가진 지식이나 기술에 매몰되어 오히려 시장이나 고객과 괴리됨으로써 실패를 맛보기 일쑤다. 그 무한경쟁의 시장에서 길리어드가 굳건히 자리 잡은 것은 거대 기업이 된 뒤에도 자신의 역량을 과신하지 않고, 끊임없이 내부 및 외부와의 협력을 추진하며 현안을 해결하는 경영원칙을 놓치지 않았기 때문이다.

언제 어디서 어려움이 닥칠지 모르는 위협적인 경영환경 속에서 현재의 사업주도권을 계속 지키고 미래사업의 기회를 잡을 방법은 무엇인가?

이는 동서고금을 막론한 모든 경영자의 고민거리다. 고색창연한 이 질문에 대해 길리어드는 첫 마음을 잃지 않는 것, 과감하게 협력하며 새로운 지식을 수혈하는 것이라고 대답하는 듯하다. 너무 자주 들어서 익숙한 말이지만, 그 어떤 글로벌 일류기업일지라도 늘 다시금 새겨 넣어야 할 덕목임에 틀림없다.

위기에도 강한 경영근육 만들기, 브리지스톤

정태수

2010년 삼성경제연구소는 전 세계 기업 1,000곳을 분석해 글로벌 금융위기의 승자와 패자를 발표했다. 대부분의 일본 기업이 위기의 충격에서 벗어나지 못한 것으로 나타난 가운데 눈에 띄는 기업이 하나 있었다. 세계 최대 타이어 기업인 브리지스톤Bridgestone Corporation이다. 경쟁사를 비롯해 일본 기업들은 대부분 적자로 전환되던 2009년에도 브리지스톤만은 매출액과 영업이익률 등 모든 항목에서 플러스 성장을 실현했다.

1931년에 창업한 브리지스톤이 타이어 기업으로 변신한 이야기는 자못 흥미롭다. 본래 일본의 전통 버선을 생산하던 브리지스톤은 미끄러지지 않는 버선을 만들겠다는 생각으

로 버선 바닥에 고무를 부착하다가, 자연스레 타이어시장에
까지 진출하게 되었다. 이후 일본 자동차시장이 호황을 이루
자 더불어 급성장한 브리지스톤은 1988년 미국 파이어스톤
Firestone을 인수하며 세계적인 타이어 기업으로 떠올랐다. 그
리고 2007년부터는 세계 타이어 판매순위 1위 자리를 빼앗
기지 않고 있다.[14] 시장점유율과 매출액 모두에서 1위 굳히
기에 성공한 브리지스톤의 경쟁력은 어디서 나온 것일까?

경영의 근육 : 탄탄한 기술력과 민첩한 조직

2006년 취임한 CEO 아라카와 쇼지荒川詔四는 브리지스톤의
경쟁력을 이야기할 때 빼놓을 수 없는 인물이다. 그가 단행
한 개혁은 브리지스톤에 타이어처럼 탄탄한 근육을 만들어
주었다. 취임 이후 계속 강조한 '철저한 기술주의'가 그 첫
번째 근육에 해당한다.

 신흥국 브랜드가 저가 공세를 펼치고 육박해오자 아라카
와는 오히려 고도의 기술력을 요하는 고기능 상품 개발에 나
섰다. 경쟁의 토대를 바꿔버리는 발판을 기술개발력에서 찾
은 것이다. 브리지스톤의 이러한 기술력은 타이어 원재료의
분자구조를 나노미터 단위로 설계하고 제어하는 '나노 프로
테크Nano Pro-Tech'로 구사되었다. 바로 이 기술을 통해 편안

한 승차감을 유지하면서도 회전저항을 줄여 연비를 개선한 타이어가 탄생할 수 있었던 것이다. 또한 브리지스톤의 타이어는 펑크가 나더라도 80km까지 주행을 계속할 수 있었고, 이때도 그 승차감은 정상적인 상태와 비교해도 손색이 없었다. 그야말로 철저한 기술주의의 정수였다.

아라카와가 만든 브리지스톤의 두 번째 근육은 대규모 조직에 적합한 조직 시스템이었다. 한때 타이 지사장으로 근무한 적이 있는 아라카와는 일본 본사의 창구 담당자에 따라 업무 진척도가 달라져 불편했던 경험을 기억하고 있었다. 그것이 비대한 조직이 지닌 벽이라고 느꼈던 아라카와는 CEO로 취임한 뒤 조직개혁을 단행한다. 그의 목표는 브리지스톤의 의사결정 체계를 글로벌 스탠더드에 적합하게 정비하는 것이었다.

아라카와는 본사의 기능을 글로벌 사업단위[SBU; Strategic Business Unit] 업무를 지원하는 데 한정시키고, 대신 글로벌 사업단위의 자율성을 대폭 강화했다. 지역별로 상이하던 기술 수준을 표준화하고, 매뉴얼화가 어려운 숙련기술자의 경험이나 감각을 보존하기 위해 그들의 작업 모습을 비디오로 촬영하도록 했다. 이렇게 녹화된 비디오를 가지고 숙련기술자는 일대일로 젊은 기술자를 지도했다.

또한 숙련기술자가 바뀌면 가르치는 방식도 바뀌어야 하는 문제를 해결하기 위해 '마스터 인스트럭터', 즉 '선생님의 선생님'까지 선정해 그들에게 숙련기술자 교육을 맡겼다. 거대해진 글로벌 조직에 일체감을 부여하는 협업의 기틀을 마련한 것이다. 그 덕분에 브리지스톤은 언제나 신속하게 움직이는 조직체계를 갖추게 되었다.

우리 몸에 위험이 닥치면 근육이 전신의 힘을 재빨리 모으도록 도와주듯이 '탄탄한 기술력'과 '민첩한 조직'이라는 경영근육이 브리지스톤을 위기에 강한 기업으로 만든 것이다.

한 그루 나무와 같이 유기적 '수직통합'을 이루다

아라카와의 개혁의지는 위기에 더욱 빛을 발했다. 글로벌 금융위기가 닥치자 그는 더 나아가 '조직의 수직통합'을 선언한다. 원재료 생산에서 타이어 제조와 소매점 판매까지 수직통합 체계로 묶은 것이다. 그 결과, 극심한 수급변동 상황에서도 안정성을 유지할 수 있었다. 하지만 아라카와는 단순히 수급안정만을 목표로 하지는 않았다. 그가 주문한 수직통합은 원재료를 안정적으로 공급하기 위한 소극적 방편이라기보다는, 좀 더 높은 수준의 기술개발을 이루기 위한 적극적 방법이었다.

수직통합 과정에서 브리지스톤은 타이어 고무의 원료인 카본블랙carbon black 제조사를 인수해 제품의 품질을 원천적으로 끌어올렸다. 현재 타이에 있는 브리지스톤의 카본블랙 제조사는 다른 회사는 도저히 따라갈 수 없을 정도로 우수한 카본블랙을 만들어낸다는 평가를 받고 있다. 아라카와 사장은 말한다. "위기 이전의 수직통합은 단순히 나무블록을 쌓아올린 것에 불과했다. 각각의 요소가 한 그루 나무처럼 유기적으로 연결된 상태여야 진정한 수직통합이라고 말할 수 있다."[15]

이렇게 수직통합에 경영자원을 집중한 결과 브리지스톤은 외부에서 들이닥친 위기 속에서도 원가경쟁력과 기술력 향상이라는 두 가지 목표를 동시에 이룰 수 있었다.

위기를 이기는 역설적 해답, 신사업 투자!

위기 때는 새로운 사업에 뛰어들기가 어려운 것이 보통이다. 하지만 탄탄한 근육을 지닌 브리지스톤은 그런 도전이 가능했다. 아라카와는 위기를 맞자 오히려 재생타이어와 광산용 타이어 사업에 경영자원을 쏟아 부었다. 물론 내부 반발이 없지 않았다.

특히 재생타이어 사업은 신제품 수요를 잠식하는 제 살 깎기의 우려 때문에 반발이 더욱 심했다. 이에 아라카와는 주요 고객인 물류업체의 예산에 맞춰 재생타이어와 신제품

비율을 세밀하게 조절하는 전략으로 재생타이어 점유율을 높여나갔고, 그럼으로써 신제품 수요 감소를 최소화하는 데 성공했다.

불황에 둔감한 광산용 타이어시장을 선점하려는 노력 역시 브리지스톤의 위기 극복에 큰 도움이 되었다. 브리지스톤은 2009년 640억 엔을 들여 광산용 타이어 공장을 추가로 건설했다. 이러한 투자에 힘입어 현재 브리지스톤은 광산용 타이어시장에서 점유율을 60%까지 끌어올렸다.[16]

앞서 말한 삼성경제연구소의 글로벌기업 분석 결과, 글로벌 금융위기의 승자와 패자를 가른 요인은 경영자원의 신속한 재배치 역량이었다. 하지만 모든 기업이 이런 능력을 지닌 것은 아니다. 왜 어떤 기업들은 위기 때 신속히 자원을 필요한 곳에 배치할 줄 알고, 어떤 기업들은 그렇게 하지 못하는 것일까?

이기는 기업은 항상 위기가 닥치기 전에 기술력 같은 핵심 경쟁력을 비축해두고 조직문화를 정비한다. 단 며칠 반짝 운동을 한다고 해서 초콜릿 복근이 생기지는 않는다. 평소 열심히 운동을 해두어야 탄탄한 근육질 몸매를 완성할 수 있다. 기업 역시 위기가 찾아오기 전에 위기대응 능력을 키워두어야 한다.

토종기업이 시장을 지켜내는 비결

김상범

우리는 이미 무한경쟁이 글로벌화된 시대를 살고 있다. 잠시만 한눈을 팔아도 살아남기가 어려운 무서운 정글이다. 우리들 각자는 여기서 살아남을 특별한 전략을 가졌는가? 치열한 시장에서 글로벌 일류기업의 제품을 이겨내기란 쉬운 일이 아니다. 특히 가용자원이 제한된 중소기업에는 더더욱 어려운 문제다.

그러나 거대한 글로벌기업들의 공세를 슬기롭게 극복하고 시장에 확실히 뿌리를 내린 토종기업도 적지 않다. 공룡들의 틈바구니에서도 승승장구하는 이들의 성공요인은 과연 무엇일까?

고객을 세심하게 관찰하라!
: 중국의 '야두', 체코의 '린넷'

성공하는 토종기업들은 우선 현지 고객을 세심히 관찰할 줄 알고, 이를 바탕으로 현지 실정에 맞는 제품을 개발한다. 대표적 기업이 중국의 가습기시장을 제패한 소형 가전업체 야두亚都다.

중국의 북방 지역은 건조한 기후로 인해 가습기를 많이 사용하지만 지역의 수질이 워낙 좋지 않아 가습기를 장시간 사용하면 석회질이 물과 함께 분사되어 오히려 건강을 해치게 된다. 그렇다고 정수된 물을 사용하자니 추가 비용이 들어 소비자는 망설일 수밖에 없다. 이런 어려움을 간파한 야두는 수질정화기와 가습기를 하나로 묶는 패키지 상품을 선보여 인기몰이에 성공했다.

야두의 창조적 아이디어는 여기서 그치지 않았다. 야두는 "가습기로 실내 냄새를 제거할 수는 없겠느냐?"라는 소비자들의 요청에 착안해 냄새 정화 기능까지 부착한 가습기를 출시했고, 이를 통해 한화 350억 원의 추가 매출을 올렸다.[17]

체코의 병원용 침대 제조업체 린넷Linet도 고객 속에서 아이디어를 발굴한 모범사례다. 린넷은 병원용 침대를 개발할 때 제품 구매를 담당하는 사람이나 임원을 만나지 않는다.

그 대신에 환자를 직접 대면하는 간호사들을 만나 그들의 현장 경험을 청취한다. 간호사를 통해 환자들이 침대에 대해 어떤 의견을 표출했는지 정확히 수렴할 수 있기 때문이다. 이를 바탕으로 더 좋은 제품을 만들 수 있었고, 자연스레 판매 증대로 이어졌다. 현재 린넷은 병원용 침대 부문에서 세계 4대 기업으로 꼽히며 체코를 대표하는 간판기업으로 자리 잡았다.

누구나 팔 수 있게 하라?!
: 타이의 '아그로네가'

다음으로, 성공하는 토종기업들은 현지 맞춤형 마케팅 전략에 능하다. 대표 사례로 타이의 음료회사 아그로네가 Agronegar가 개발한 옥수수 사이다를 들 수 있다. 그런데 이 옥수수 사이다가 유명해진 과정이 꽤 특이하다.

2009년 타이의 국내경제가 어려워지고 실업자가 늘어나자 아그로네가 사는 일반 개인도 사업주가 되어 자사의 제품을 유통할 수 있도록 허용했다. 다시 말해 누구나 최소한의 자격요건만 갖추면 자기 집 앞마당에 가판을 펼쳐놓고 아그로네가의 옥수수 사이다를 팔 수 있게 한 것이다.

결과는 대성공이었다. 제품이 입소문을 타면서 세상에

널리 알려졌고, 옥수수 사이다를 직접 체험할 기회가 늘어나자 새로운 음료에 대한 거부감도 빠르게 줄어들었던 것이다.

결국 기술력이 관건이다!
: 헝가리의 '내브앤고', 러시아의 '얀덱스'

마지막으로, 성공한 토종기업들은 경쟁사가 넘볼 수 없는 자기만의 탁월한 기술력을 확보했다. 헝가리의 내비게이션 소프트웨어 제조업체 내브앤고[NavNGo]가 대표적 사례다.

2000년 초 서유럽 시장에 내비게이션이 등장하자, 내브앤고는 아직 아무도 발을 들여놓지 않은 동유럽에 주목했다. 그런데 문제는 당시 하나의 메모리카드에 저장할 수 있는 데이터량이 제한적이라 서유럽과 동유럽의 지도를 동시에 담아내기가 어렵다는 점이었다.

이에 내브앤고는 디지털 압축 기술에 회사의 모든 역량을 쏟아 부었고, 마침내 2005년 유럽 전역의 지도 정보를 2기가 메모리카드에 저장할 수 있는 기술을 독자적으로 개발했다. 내브앤고는 서유럽과 동유럽의 지도를 동시에 담아내며 당시 업계 1위이던 나브텍[Navteq]을 제치고 동유럽 시장을 석권했다. 그리고 현재까지도 강력한 기술력을 바탕으로 꿈의 시

장점유율 90%를 유지하고 있다.[18]

한편, 러시아 인터넷 검색엔진시장에서 구글과 야후를 제치고 1위를 차지한 기업이 있으니, 바로 얀덱스Yandex이다. 얀덱스 역시 자사 고유의 기술로 현지 시장을 성공적으로 장악한 사례이다. 1997년 설립된 얀덱스는 2012년 현재 시장점유율 60.6%로 업계 2위인 구글보다 2배 이상 높다. 러시아인들이 얀덱스를 찾는 이유는 당연히 구글보다 검색결과가 뛰어나기 때문이다. 이를테면 얀덱스에서 한국을 검색하면 약 700만 페이지가 제시되지만, 구글은 130만 페이지에 불과하다.[19]

이런 일이 가능한 이유는 얀덱스가 러시아어에 특화된 기술을 보유해서다. 러시아어는 어미변화가 20여 개에 달하기 때문에 검색엔진을 만들기가 무척 어려운데, 얀덱스는 러시아어 문법에 대한 높은 이해도를 바탕으로 이런 한계를 극복할 수 있었고, 덕분에 세계적 검색엔진 기업인 구글을 능가할 수 있었다.

지금 이 순간에도 유수의 글로벌기업들이 검증된 제품과 서비스로 현지 시장을 호시탐탐 노리고 있다. 비교적 작은 규모인 토종기업 입장에서 그들은 분명 힘겨운 상대임이 분명하다. 그러나 소비자 트렌드를 주도면밀히 분석하고 마케팅력과 기술력으로 이를 뒷받침한다면 글로벌기업을 넘어서는 일도 불가능하지만은 않다. 앞서 소개한 각 나라의 토종기업들이 그 좋은 예다. 이제 우리 기업들도 이들을 거울삼아 위기에도 끄떡없는 탄탄한 경쟁력 만들기에 힘을 쏟아야 할 것이다. 위기는 한번 지나가고 마는 것이 아니라 늘 함께 있는 것이기 때문이다.

혁신의 대명사, 아수스텍

채승병

PC를 열어 내부를 살펴본 사람이라면 알겠지만, 그 한가운데에는 CPU, 램, 비디오카드 등 각종 전자부품이 빼곡하게 꽂힌 커다란 기판이 있다. 그게 바로 컴퓨터의 몸체라고 할 수 있는 메인보드다.

컴퓨터를 구성하는 핵심부품이므로 당연히 시장 각축전도 치열하다. 그런데 세계 메인보드시장에서 2005년부터 30%라는 높은 점유율을 계속 기록 중인 기업이 있다. HP, 델, 에이서Acer, 레노보Lenovo 등 쟁쟁한 상위 업체들 사이를 뚫고 어느새 부상해 PC업계에서 '혁신의 대명사'로 불리는 대만의 아수스텍Asustek이 그 주인공이다.

아수스텍은 1990년 대만에서 선두를 달리던 PC업체 에

이서의 엔지니어 4명이 독립해서 차린 기업이다. 당시만 해도 대만 브랜드의 PC부품은 그저 싼 맛에 쓴다는 편견이 강했다. 하지만 아수스텍의 메인보드는 저렴하면서도 고가 제품 못지않은 안정적 성능을 갖추었다는 입소문이 퍼지면서 빠르게 시장에 확산되었다.

특히 바이오스^{BIOS} *의 업데이트가 잘 이루어지고 사후지원도 충실하며, 좀 더 성능이 높은 PC를 원하는 파워유저들 사이에서 처리 속도를 높이는 방편으로 유행하던 오버클럭킹^{Overclocking} **도 쉽다는 사실이 알려지면서, 점점 더 고급 브랜드로 인식되었다.

7년 만에 10배 성장한 PC업계의 신동

아수스텍은 초고속 성장을 거듭했다. 2000년에는 불과 20억 달러 남짓이던 매출액이 2007년 200억 달러를 돌파했고 메인보드 생산량은 5,500만 장을 넘어섰다. 7년 만에 무려 10배의

- • 기본 입출력 시스템(Basic Input/Output System)의 약자로, PC에서 하드웨어를 제어하고 데이터 입출력을 처리해주는 기반 프로그램이다.
- •• CPU는 외부에서 고주파 신호를 걸어주어 구동시키는데, 이 신호의 주파수가 높아질수록 연산능력이 높아진다. 이 때문에 구동 주파수가 높은 CPU일수록 값이 비싸다. '오버클럭킹'은 허용 주파수가 낮은 저가의 CPU에 더 높은 주파수의 신호를 걸어 성능을 향상시키는 방법을 의미한다. 하지만 과도할 경우 발열이 심해져 CPU가 타버릴 위험이 있다.

성장을 이뤄낸 것이다.

아수스텍은 대체 어떤 방법으로 짧은 시간에 이토록 강한 기업이 될 수 있었을까? 여기에는 크게 세 가지 주목할 만한 포인트가 있다.

첫째, 끊임없이 고객과 소통하고 고객의 요구에 부응하며 시장을 주도해낸 R&D의 저력이다. 자칫 출혈경쟁에 빠지기 쉬운 PC부품시장에서 아수스텍은 언제나 가려운 곳을 긁어주는 차별적 기능과 안정성 제공으로 시장을 리드했다. 무엇보다 아수스텍은 연구개발 단계부터 고객의 니즈를 파악하는 데 엄청난 자원을 투자한다. 다양한 니즈에 부응하는 솔루션을 시나리오화해서 찾아내고 이를 상품화하는 부문에 R&D 인력의 3분의 2를 투입하며, 끊임없이 탁월한 기술을 개발하고자 공을 들인다.

창업자이자 CEO인 시총탕施崇棠 자신이 엔지니어 출신이기 때문에 수익성만 따지기보다는 기술력 증진에 더 관심이 많았던 것이다. 과거 소니의 모리타 아키오盛田昭夫, 파나소닉의 마쓰시타 고노스케松下幸之助가 그러했듯이 엔지니어 출신 창업주의 부단한 연구개발 노력 속에서 고객의 목소리에 귀를 곤두세우는 자세가 아수스텍의 성장을 이끌고 있다.

2007년에 출시된 'Eee PC'는 이런 아수스텍의 노력이 만들어낸 결과물이라고 할 수 있다. 'Easy to Learn, Easy to Work, Easy to Play'라는 뜻에 걸맞게 Eee PC는 기존의 노트북보다 크기는 작고 값은 저렴하면서도 사용하기 편한, 새로운 넷북 장르를 개척했다. 넷북의 간편함에 컴퓨터시장은 매료되었고, 2008년 《포브스아시아》, 《PC월드》, 《PC프로》 등 다양한 언론에서 최고 제품이라는 격찬을 받으며 빅히트를 쳤다. 아수스텍은 곧바로 세계 노트북시장 5위권에 진입해 도시바와 어깨를 나란히했다.

독특한 디자인 감성으로 혁신을 주도하다

둘째, 아수스텍은 디자인에 대한 투자를 게을리하지 않았다. 일본의 산업디자인상을 대표하는 '굿 디자인 어워드* 2010'에서 노트북을 포함해 무려 12개의 아수스텍 제품이 G마크를 획득해 많은 이를 놀라게 했다.

여기에는 차가운 느낌의 금속이나 플라스틱이 아닌 따뜻한 느낌의 대나무 소재를 사용한 U시리즈 노트북, 뱅앤올룹슨의 수석 디자이너 데이비드 루이스$^{David\ Lewis}$가 디자인한 세련된 알루미늄 상판과 프리미엄 오디오 시스템을 갖춘

• 1957년 일본의 통상산업성(현재 경제산업성)이 '굿 디자인상품 선정제도'를 만들면서 시작되었다. 해마다 뛰어난 디자인을 갖춘 상품을 선정하여 시상하고 '굿 디자인 마크(통칭 G마크)'를 사용할 수 있게 해주면서 산업디자인계의 주요한 상으로 자리 잡았다.

NX90 노트북, 탁월한 성능에 스텔스 전투기를 연상시키는 독특한 디자인을 갖춘 G53/G73 게이밍 노트북 등이 포함되어 있었다.

아수스텍은 또한 2006년부터는 람보르기니와의 공동 작업으로 VX 시리즈 노트북을 내놓고 있는데, 이는 노트북에 슈퍼카의 감성을 담아낸 이색적인 프로젝트였다. 미니멀리즘에 입각한 애플과는 또 다른 방향으로 다양한 소비자 감성을 잡아끄는 노력을 쏟은 결과, 아수스텍의 노트북은 기술과 디자인 측면 모두에서 확고한 혁신 주도 제품으로 인지도를 높여가는 중이다.

비대한 조직보다 내실 있는 조직으로!

셋째, 아수스텍은 조직의 비대함을 자체적으로 억제하기 위해 경영 측면에서도 많은 노력을 기울인다. 창립 초기에 달콤한 성공을 맛본 기술기업들은 흔히 사업 확장기에 들어서서 새로이 부닥치게 되는 여러 난관을 넘지 못하고 좌초되곤 한다. 초기의 스피드와 유연성을 잃고, 조직이 점차 관료적 타성에 빠지면서 시장에 부응하기 어려울 정도로 몸이 둔해지기 때문이다.

2000년대 초에 10배 넘는 고속질주를 해오던 아수스텍은

2007년부터는 과감한 자체 구조조정에 나선다. '아수스'라는 고유 브랜드를 유지하면서 고급 완제품과 핵심부품을 생산하는 데 집중했고, 기타 OEM 납품 등 중저가 부품과 비非PC부품 기능은 분사分社를 시킨 것이다. 이 과정에서 인력조정 및 퇴직금 정산 등과 관련해 잡음도 적지 않았지만 '외형 위주의 성장'이라는 함정에 빠지지 않고 진용을 재정비해 내실을 다진 덕분에 아수스텍은 이전보다 훨씬 강한 기업이 되었다는 평가를 받았다.

그래서일까. 최근 거세게 몰아닥친 태블릿PC 열풍에도 아수스텍은 잘 대처하고 있다. 2011년 초에 이미 Eee PC 라인업을 태블릿으로 확장해 안드로이드 3.0 OS를 탑재한 Eee 패드 '트랜스포머'를 발 빠르게 출시한 것이다. 그 명칭이 말해주듯이 트랜스포머는 따로 쓰면 태블릿이 되고 키보드도크를 붙이면 넷북처럼 쓸 수 있는 참신한 아이디어에서 나온 제품이다.

물론 여전히 태블릿시장은 아이패드 열풍이 거세고 안드로이드 태블릿은 아마존의 킨들파이어를 제외하면 큰 반향을 불러일으키지 못했다. 하지만 킨들파이어에서 확인되었듯이 합리적인 가격이라면 스마트폰에서 그러했듯 안드로이드 태블릿이 성공적으로 시장을 잠식할 가능성은 여전히 높다. 때마침 구글이 기획하는 새로운 염가 레퍼런스 태블릿이 아수스텍을 통해 나올 것이라는 소문도 무성하다.

안드로이드 태블릿의 새로운 도전이 될 전략상품의 파트너로서 아수스텍이 선정되었다는 사실은, 그만큼 기술력과 생산능력 모두를 인정받았다는 증거가 아닐 수 없다. 세계 IT업계의 숨가쁜 각축전 속에서 그 선봉에 아수스텍같이 발 빠르고 기술력 강한 대만 업체들이 있는 것만은 분명해 보인다.

소니, 파나소닉, 샤프 등 전통의 일본 가전업체들이 어느새 우리 한국 업체들에 밀려 대규모 적자에 허덕이고 있다. 하지만 날로 격화되는 IT시장의 패권다툼에서 대만 기업들은 우리 못지않은 실력을 보여주고 있다. 한국 기업들이 수익성에서 한계를 느끼며 고전하는 여러 제품시장에서도 그들은 시장과 호흡하는 탄탄한 기술력으로 승부하고 있으며, 중국을 핵심 생산기지로 활용하므로 가격경쟁력도 높다. 더욱이 이제는 거기에 감성을 사로잡는 디자인 파워와 스스로를 경계하며 바꿔나갈 줄 아는 경영능력까지 두루 갖춘 면모를 드러내고 있다.

전 세계 IT업계의 무게추가 왔다 갔다 하는 이 시대에, 앞으로도 대만 기업들과 협력하면서 동시에 경쟁하려면 우리 기업들도 항상 그들을 주시하고 좋은 점은 수용하려는 자세를 견지해야 할 것이다.

저물던 오페라의 화려한 부활, MET

강한수

뮤지컬은 뜨고 있지만 오페라는 지는 분위기다. 뮤지컬이나 영화에 비해 값도 비싸고 공연 시간도 짧지 않아 쉽게 접하기 어려운 장르이기 때문이다. 게다가 요즘에는 인터넷으로 즐길 수 있는 문화가 많으니 점차 오페라는 대중의 관심에서 멀어지는 추세다.

그러다 보니 129년 전통을 자랑하는 세계 최고 오페라단 '미국 메트로폴리탄 오페라단Metropolitan Opera Association'도 고전을 면치 못했던 것이 사실이다. 피터 겔브Peter Gelb가 오페라단 총감독으로 취임하던 2006년에 이미 입장 관객의 평균 연령이 65세였고, 오페라단의 매출 역시 수년간 제자리걸음이었다.

하지만 최근 몇 년간 피터 겔브가 주도한 다양한 혁신 노력이 성공을 거두면서 매출과 관객 수가 동시에 증가했다. 메트로폴리탄 오페라단(이하 'MET')을 다시 일으켜 세운 원동력은 무엇이었을까?[20]

외부의 시각으로 고정관념에서 탈출하라!

MET 오페라는 크게 보면 세 가지 발상의 전환 덕분에 부활할 수 있었다. 그 첫째는 외부 비非전문가의 과감한 활용이다. MET는 역량 있는 외부 인사를 활용해 조직에 건전한 긴장과 새로운 시각을 불어넣는 데 성공했다. 새로이 단장으로 취임한 피터 겔브부터가 오페라업계에서 잔뼈가 굵은 사람이 아니었다. 음반회사인 소니 클래시컬Sony Classical 사장 자리가 경력의 전부였던 겔브는 스스로가 이방인이었기 때문에 업계 내의 인물이 갖는 고정관념에서 벗어나 다양한 시도를 할 수 있었다.

무엇보다 그는 외부 인사를 적극 활용했다. 영화 〈잉글리시 페이션트〉를 만든 영국의 유명 영화감독 안소니 밍겔라Anthony Minghella에게 오페라 〈나비부인〉의 연출을 맡기는 등 영화감독과 브로드웨이 연출가 등 다른 분야의 뛰어난 인재를 활용해 새로운 시각의 오페라 작품을 만들어냈다.

MET 오페라 〈마술피리〉는 각양각색의 새가 날아다니고 곰이 춤춘다. 또 장엄하게 빛나는 별과 밤의 여왕이 화려하게 묘사되는 등 기존의 오페라에선 볼 수 없었던 시각적 효과를 구현했다.

뮤지컬 〈라이온 킹〉의 연출가로 유명한 줄리 테이머Julie Taymor가 연출한 MET 오페라 〈마술피리〉는 각양각색의 새가 날아다니고 곰이 춤춘다. 또 장엄하게 빛나는 별과 밤의 여왕을 화려하게 묘사하는 등 기존의 오페라에서는 볼 수 없었던 시각적 효과까지 구현했다. 이런 시도를 통해 MET는 언론과 대중의 관심을 끌어들이는 데 성공했다.

오페라를 영화관에서 상영한다?

둘째로, MET는 오페라 공연을 오페라 극장이 아닌 영화관에서 상영한다는 기발한 착상을 해냈다. MET의 매출 확대에 가장 결정적으로 기여한 이 새로운 시도가 바로 '라이브 뷰잉live viewing'이다. 라이브 뷰잉은 MET의 최신 공연을 고화질 HD 영상과 생생한 음향으로 전 세계 극장에서 상영하는 것이다.

　바에서 중계되는 스포츠 경기를 본 사람이 스포츠팬이 되어 경기장을 직접 찾는 것에서 힌트를 얻었다는 피터 겔브는 취임 첫해인 2006년 12월 30일, '메트로폴리탄 오페라: Live in HD'라는 명칭으로 6개 공연 시리즈를 위성을 통해 극장에서 상영하기 시작했다. 전 세계 곳곳의 극장을 활용한 라이브 뷰잉 기획으로 MET는 새로운 수입원을 창출한 것은 물론 전 세계적으로도 오페라 관객 수의 증대에 큰 공헌을 하게 된다.

　MET는 2009년에만 라이브 뷰잉을 통해 약 1,200개 극장에서 오페라를 상영해 관객 동원 수 240만 명을 돌파하는 데 성공했고, 오프라인 공연 매출의 약 절반에 해당하는 4,500만 달러를 라이브 뷰잉으로 벌어들였다.

일반 대중에게 가까이, 더 가까이

셋째로, MET는 오페라가 인텔리 계층의 전유물이라는 고정관념을 깨고 일반 대중고객에게 접근하기 위한 다양한 시도를 계속했다. 구체적 예로는, 평일 공연 오케스트라석의 일부를 20달러라는 저렴한 가격에 판매하거나 뉴욕 공립고등학교에서 라이브 뷰잉을 무료로 상영함으로써 재정적으로 풍족하지 못한 젊은이들과 학생들도 오페라와 친숙해질 수 있도록 유도한 것을 들 수 있다. 또한 매년 오프닝 공연의 라이브 영상을 뉴욕 타임스퀘어에서 무료로 상영해 일반인들도 오페라 공연을 친숙하게 느낄 수 있도록 노력했다.

그 덕분인지 2005년 시즌에는 77%에 불과하던 공연장 좌석판매율이 2009년에는 88%까지 상승했다.[21] 사실 많은 사람이 극장에서는 다들 오페라를 보려 하지 않을 것이고 게다가 무료상영까지 해주고 있으니 오페라 관객은 더욱 줄 것이라고 우려했지만, 결과는 전혀 달랐다. 피터 겔브와 MET의 다채로운 노력이 오페라에 대한 대중의 관심을 불러일으키고 관객층까지 확대해 공연장을 찾는 사람들의 발길이 늘어나는 현상을 낳았던 것이다.

피터 겔브는, 오페라는 '인텔리 계층'만이 '현장'에서 '비싸게' 즐기는 문화상품이라는 고정관념을 깨고자 노력했다. 이대로 가다가는 장차 오페라가 사라질 수도 있다는 위기감을 느낀 그는, 외부에서 우수한 인력을 수혈하고 기존의 오페라 생산 및 전달 방식에서 과감히 벗어나 위성중계와 영화관을 적극 활용했다. 또 일반인들에게 좀 더 가까이 다가가기 위해 무료상영도 마다하지 않았다. 이 모든 시도가 결국 저물어가던 오페라를 다시금 사람들의 관심 속으로 띄워 올린 것이다.

물론 이 사례만 놓고 오페라산업 전체가 활성화되었다고 말하기는 어렵다. 하지만 MET와 오페라의 부활을 위한 피터 겔브의 다양한 시도, 그리고 그것이 일궈낸 성과는 아무리 사양산업일지라도 발상의 전환을 통해 얼마든지 경쟁자들을 이길 수 있고, 때로는 산업의 하향 추세까지 뒤집을 수 있다는 기대감을 심어준다.

저성장 산업의 벽을 깨다, 야마다전기

신형원

글로벌 금융위기와 재정위기로 향후 시장전망에 대해 전문가들은 '빠른 회복'보다는 '저성장 기조'가 지속될 것이라는 관측을 내놓고 있다. 그러나 저성장 분위기 속에서도 꾸준히 성장을 이어가는 기업이 없지 않다. 일본 제1위의 가전제품 유통업체 야마다전기山田電機가 그러하다.

야마다전기는 국내에서는 비교적 생소한 기업이다. 야마다전기의 야마다 노보루山田昇 현 회장이 1973년 야마다 전화센터를 창업한 것이 그 뿌리로, 초창기에는 일본 군마 현의 마에바시라는 지방도시에서 TV 등 가전제품을 방문판매 하는 데 전념했다. 그러다 1981년 양판점量販店으로 변신한 후 전국 곳곳에 점포를 열며 급성장했다.

야마다전기는 창업한 지 33년 만인 2005년에 매출 1조 엔을 달성했는데, 이런 기업은 일본 기업 가운데서 전후 경제성장의 상징인 혼다와 소니 말고는 찾아보기 어렵다. 더구나 야마다전기는 최근의 글로벌 금융위기 와중에도 2011년 회계연도 매출 2조 1,533억 엔, 영업이익률 5.7%의 실적을 달성해 주위를 놀라게 했다.[22]

확실한 '규모의 경제'를 추구하다

야마다전기의 첫째 성공비결은 규모와 범위의 경제를 추구한 데서 나온다. 2000년 이후 야마다전기는 대형 점포를 늘리는 전략을 취했는데, 점포 개점 건수가 가장 많았던 2004년에는 신규 점포 수가 45개에 달했다. 거의 매주 전국에 신규 점포를 개설한 셈이다.

점포를 새로 차리려면 당연히 자금이 필요하다. 그래서 야마다전기는 노무라증권과 손잡고 전환사채를 통해 자금을 조달했다. 이 자금으로 신규 점포를 열면 회사의 매출이 증가했고 그 덕분에 회사 주가가 오르면 다시금 자금 확보가 가능해져 새로운 점포를 열 수 있었다. 이런 식으로 점포 수가 늘고 고객이 증가하자 대량구매에 따른 할인 효과가 발생했고 이것이 다시 고객을 불러들이는 선순환 효과를 냈다.

그렇다면 왜 경쟁업체는 이렇게 확실한 전략을 쓰지 못했을까? 지방 양판점은 대형 점포를 열어도 그 넓은 공간을 다 채울 만큼 많은 가전제품을 전시할 수도 없었고, 팔리지도 않았기 때문이다. 더구나 가전유통산업 자체가 저성장이었던 터라 함부로 모험을 할 수는 없었다.

반면 야마다전기는 색다른 방식을 취했다. 우선 제품 진부화가 빨라 일반 양판점들은 취급을 꺼리는 PC를 들여놓았고, 이어 화장품과 주방용품뿐만 아니라 냉동식품과 의약품까지 다양하게 진열했다. 이러한 범위 확장이 집객력을 높여 마치 가격거품이 빠진 백화점 같은 모양새를 갖추도록 만들었다.

포인트 제도를 재구매의 핵심 동기로 삼다

둘째로 야마다전기는 간접적 이익을 극대화하는 방식으로 성공을 챙겼다. 그중 한 예가 포인트 제도다. 물론 요즘에는 웬만한 유통업체가 거의 다 포인트 제도를 운영한다. 그러나 2,000만 명이라는 어마어마한 수의 회원을 보유한 야마다전기의 포인트 제도는 남다른 데가 있었다. 우선 현금구매 고객에 대해 경쟁업체보다 월등히 높은 비율, 즉 구매액의 10%를 포인트로 돌려주었다.

또 경쟁업체들은 일정 점수 이상이 되어야만 그 포인트를 사용할 수 있다는 조건을 내걸기 일쑤인 데다 막상 포인트로 살 물건도 별로 없는 경우가 많다. 하지만 야마다전기는 아무리 적은 포인트 금액도 언제든 쓸 수 있게 했고, 무엇보다 다른 가전 양판점과는 비교가 안 될 정도로 다양한 제품을 포인트로 구매할 수 있게 해줌으로써 고객 선택의 폭을 넓혔다.

야마다전기는 고객이 사용하는 포인트를 비용 개념으로 보고 그것을 묵혀두도록 조장하지 않고 오히려 그 포인트를 적극 사용할 수 있도록 한 것인데, 바로 그 점이 고객이 상품을 재구매하는 핵심 동기로 작용한 것이다. 높은 반복구매율이야말로 불황에 큰 힘이 된다는 것은 두말할 나위가 없다.

남들은 따라할 수 없는 고유의 강점으로 승부하다

야마다전기 매장에서 눈에 띄는 것이 하나 있는데, 바로 법인고객을 위한 별도 부스다. 일반 소비자보다 이익률이 높은 법인고객을 확보하기 위해 30만 개의 법인고객 리스트를 확보한 야마다전기는 법인고객에 대해 PC 설치 서비스 등 좀 더 밀착된 서비스를 제공했으며, 바로 이 서비스가 연간 1,000억 엔 매출을 올려주고 있다.

물론 일반 소비자를 대상으로 하는 유지보수 서비스 사업 역시 야마다전기의 안정적 수익원이다. 'The 安心'이라는 명칭의 이 서비스는 회원들로부터 1년에 3,832엔씩 회비를 받고 TV와 냉장고 등이 고장 난 경우 설령 다른 업체에서 구입한 제품이라 해도 출장비와 부품대금 등을 받지 않고 무료로 수리해준다. 서비스에 가입한 회원 수는 기밀 사항이지만, 아무튼 이 사업이 일종의 보험업처럼 회사에 고수익을 올려준다고 한다.[23]

이처럼 양판점이라는 본업을 측면 지원하는 부문에서 높은 경쟁력을 가진 것이 야마다전기 고유의 힘이다. 이에 대해 야마다 회장은 "우리 회사가 올리는 경상이익의 절반은 바로 이런 간접적 이익으로 벌어들인 것"이라고 말하면서, "이것이 바로 다른 회사는 결코 따라할 수 없는 우리만의 강점"이라고 강조한다. 즉 제조업체에서 물건을 납품받아 일반 소비자에게 대신 판매하는 기존 양판점의 기본 비즈니스 모델만으로는 야마다전기를 설명할 수 없다는 이야기이다. 이는 야마다전기가 내는 전체 이익의 절반에 불과하기 때문이다.

야마다전기의 놀라운 성장 과정을 정리해보면, 저성장 산업인데도 불구하고 역발상의 지혜를 발휘해 대형 점포를 다수 출점하는 규모의 경제와 다양한 품목을 취급하는 범위의 경제를 동시에 달성한 뒤, 이를 측면에서 지원하거나 응용하는 사업을 통해 고수익을 올린다는 점에 그 성공비결이 있음을 깨닫게 된다.

"남들과는 전혀 다른 방식으로 비즈니스를 생각하라." 저성장의 위기 앞에 놓인 오늘날 우리에게 야마다전기가 주는 핵심 교훈일 것이다.

SERICEO 실전경영 03

• 와우! 저울에 달아 판다고? 킬로패션 • 양말을 정기 구독하다?! 블랙삭스닷컴 • 고무줄 하나로 연간 1억 달러! 실리밴즈 • 장난감이 아닌 장난감, 크래니엄 • 미슐랭과 미쉐린의 관계를 아시나요? • 실패? 이왕 이면 크게 하라! 알레시 • 마징가Z 기지를 만들어드립니다! 마에다건설 • 인공위성이 만든 와인, 몬테스 알파 • '포기'도 전략이다! 산토리 다카라 • 불친절로 승부하다, 구로토 시코 • 히트제품 탄생의 정석을 보여주다, 미즈칸 • 세상에 이런 장난감이? 반다이의 창조경영

제4장
1등을 쫓기만 해서는
1등을 이길 수 없다

와우! 저울에 달아 판다고? 킬로패션

김진혁

최근 몇 년 사이, 패션계의 핫이슈 중 하나로 떠오른 것이 바로 패스트패션fast fashion이다. 최신 트렌드를 재빨리 포착해 마치 패스트푸드처럼 빠르게 옷을 생산하고 공급하는 것이 패스트패션이다. 실제로 유니클로UNIQLO와 자라ZARA 같은 패스트패션 브랜드가 국내에서도 큰 인기를 얻고 있다.

그런데 패스트패션 못지않게 기이한 발상으로 인기몰이 중인 패션계의 이단아가 있다. 이름부터 기이한데, '킬로패션Kilo Fascion'이 그 주인공이다. 킬로패션은 이탈리아 패션그룹 릴라Lilla S.p.A가 운영하는 아울렛 브랜드다.

밀라노 최고의 쇼핑거리에 위치한 킬로패션 매장에는 연일 소비자의 발길이 이어진다. 2011년 12월 세일 기간에는

단일 매장에서 2주 동안 3만 피스의 제품을 판매했을 정도로 엄청난 인기를 누리고 있다.¹

옷값은 브랜드와 상관없이 저울이 정한다

킬로패션의 성공비결은 크게 세 가지로 요약할 수 있다. 우선 킬로패션은 소비자의 호기심을 자극하는 독특한 콘셉트와 재미있는 판매 방식을 갖고 있다. 킬로패션의 핵심 전략은 '킬로'라는 단어에 모두 들어 있다. 여기서 킬로란 '킬로그램^{kg}'을 뜻한다. 각각의 옷에 가격을 정해놓은 게 아니라 그저 저울로 옷의 무게를 달아 그 무게만큼만 돈을 받는다는 콘셉트다. 이를테면 고기나 채소를 판매하는 방식을 옷에 접목한 셈이다.

어떻게 그것이 가능할까? 한우도 등심은 kg당 얼마, 갈빗살은 kg당 얼마, 이런 식으로 부위별 단위가격이 정해져 있듯이 킬로패션도 청바지는 g당 얼마, 남방은 g당 얼마, 이런 식으로 카테고리별로 단위가격이 있다. 그리고 한우가 품질에 따라 1^{++}, 1$^+$, 1 이런 식으로 등급이 구분되듯이 킬로패션도 각 카테고리별로 좋음^{good}, 더 좋음^{better}, 최고^{best} 3단계로 나눠 상품가격을 결정한다.

실제로 킬로패션에서 파는 옷들의 가격을 살펴보면, 남

방은 1g당 5~10센트, 운동화는 2~10센트 정도다. 대신에 브랜드가 무엇이고 원재료가 무엇인지는 완전히 무시된다. 디젤Diesel 청바지, 존 갈리아노John Galliano 원피스 같은 명품 브랜드도 킬로패션에서는 예외일 수 없다. 옷값을 정하는 건 오로지 저울이다.

소비자를 흥분시키기 위한 3무無 전략!

킬로패션 매장에서 너무도 재미있는 콘셉트에 놀란 소비자는 싼 가격 때문에 다시 흥분하게 된다. 보통 치마 하나의 무게가 150g 정도 된다고 하는데, 킬로패션 매장에서는 g당 4센트에 팔기 때문에 150g 치마 가격이 겨우 6달러에 불과하다. 물론 이월상품을 파는 아울렛이니 가격이 정규 매장보다 저렴할 수밖에 없지만, 킬로패션은 여기서 한술 더 떠 정가보다 70~80% 낮은 가격을 제시하기 위해 다음 세 가지를 없앴다.

우선 'no sales assistant', 즉 판매원을 없앴다. 킬로패션 매장에서 직원은 오직 카운터에만 있다. 그 다음은 'no seasons', 즉 계절상품과 최신 아이템이 없다. 제품 검색과 조달에 드는 비용을 줄이기 위해서다. 그 결과 킬로패션에서는 두꺼운 겨울 재킷과 여름 비키니가 매대에 함께 올라 있다. 마지막으로 'no change, no refund', 즉 교환과 환불은

절대 사양이라는 것이다. 슈퍼마켓에서 일단 저울 위로 올라간 고기는 환불되지 않는 것과 마찬가지다.[2]

신출귀몰, 보물찾기의 재미를 제공한다

킬로패션이 사람들을 사로잡는 마지막 비결은 바로 보물찾기의 재미다. 보물을 찾았을 때 느끼는 기쁨과 짜릿함, 킬로패션은 그런 재미를 소비자에게 선사한다.

킬로패션 매장의 매대에는 수많은 옷가지가 어지러울 정도로 잔뜩 쌓여 있다. 그런데 그중에 꼭 숨은 보물이 있게 마련이다. 예를 들어 100% 실크 블라우스는 면 소재나 합성 소재 옷보다 가격이 훨씬 비싼데, 킬로패션에서는 모든 옷이 소재와 상관없이 평등하다. 그러다 보니 저울 위에 올라가면 실크 블라우스가 합성 소재 블라우스보다 가격이 오히려 저렴한 경우가 많다.

말도 안 되게 싼 가격에 실크 블라우스를 건진 소비자는 이른바 '득템'의 재미로 킬로패션의 매력에 빠져들 수밖에 없다. 그뿐만이 아니다. 킬로패션 매장 자체가 보물찾기와 같다. 킬로패션은 언제나 한자리에 있는 매장이 아니다. 언제 어디선가 나타났다가 이내 신기루처럼 사라진다. 한마디로 신출귀몰이다.

사실 킬로패션은 한자리에서 여덟 달 이상 장사하지 않는다는 기본 원칙을 세워두었다. 마치 서커스단처럼 한곳에 일정 기간 머무르기로 결정한 뒤 그곳에서 열정적 공연을 펼치고 나면 다른 곳으로 이동해 똑같은 열정으로 다시 판을 벌린다는 것이 킬로패션만의 마케팅 철학이다.

킬로패션의 모기업 릴라의 카빌리아^{Caviglia} 회장은 "새로움에 대한 도전과 리스크는 비즈니스에 반드시 필요한 요소"라고 강조한다. 소비자를 매혹시키려면 전혀 새로운 방식이 필요하다는 뜻이다. 킬로패션의 독특한 콘셉트와 소비자에게 선사하는 재미, 그리고 그 바탕에 숨어 있는 원가 절감과 운영의 비법이나 소통의 방식을 눈여겨보면 어떨까?

양말을 정기 구독하다?!
블랙삭스닷컴

이동훈

누구나 한 번쯤 이런 경험을 해보았을 것이다. 아침에 졸린 눈을 비비며 무심코 신고 나온 양말, 그런데 중요한 손님과의 식사 자리에서 그만 커다랗게 뚫린 구멍 때문에 난감했던 경험, 혹은 바쁜 아침에 양말이 꼭 한쪽만 없어서 온 집안을 뒤지고 다니던 경험 말이다. 어느 날은 또 무심코 아래쪽을 내려다봤다가 양말을 짝짝이로 신고 나온 것을 발견하고 실소를 터뜨린 적도 있을지 모르겠다.

　이렇게 우리는 수십 년 동안 거의 하루도 빼놓지 않고 양말을 신어왔고 또 간혹 양말 때문에 난처한 일을 겪기도 한다. 하지만 이 양말에 대해 진지한 고민을 해봤다거나 양말로 새로운 사업을 시작해보면 어떨까 하는 생각은 하지 않는다.

그런데 우리와 달리 양말에 대해 고민하다가 사업 아이템을 구상해 그야말로 대박을 친 기업이 있다. 바로 인터넷을 통해 양말을 판매하는 스위스의 인터넷기업 블랙삭스닷컴Blacksocks.com이다. 1999년 사업을 시작해 13년을 맞이한, 역사가 짧은 회사다. 하지만 창업 3년 만인 2002년에 '베스트 오브 스위스 웹Best of Swiss Web'상을 거머쥐었고, 현재는 전 세계 75개국을 대상으로 성공적인 사업을 펼치고 있다. 2011년부터는 스마트폰이나 태블릿PC 등 모바일로 거래가 이루어지고 있으며, 이는 전체 매출의 5% 수준이다.³

양말을 배달해드립니다

그렇게 인기가 좋다니, 그렇다면 블랙삭스닷컴의 양말이 특별한 무늬를 새겨 넣었다거나 혁신적 디자인을 갖춘 제품인 것일까? 그렇지는 않다. 블랙삭스닷컴의 핵심은 바로 신문이나 우유처럼 양말을 정기적으로 배달해주는 데 있다.

광고대행사 컨설턴트였던 블랙삭스닷컴의 CEO 사미 리히티Samy Liechti가 클라이언트였던 일본인과의 비즈니스에서 양말 때문에 낭패를 보면서 사업 구상은 시작되었다. 그가 일본의 전통식 다례Tea Ceremony에 초대받았을 때의 일이었다. 신발을 벗는 순간 커다랗게 구멍이 난 자신의 양말을 발견한 것이다. 그는 양말에 신경 쓰느라 다례 의식이나 대화에 집중할 수 없었고, 결국 그 비즈니스 자리는 실패로 끝나고 말았다. 그날 이후 사미 리히티는 양말에 관심을 갖고 양말이라는 상품의 특성과 구매행동 패턴을 골똘히 생각하게 되었다.

그러면서 양말에 대한 사람들의 기대치를 연구하기 시작했는데, 첫째로 얻은 결론은 사람들이 양말을 사는 데 시간을 들이고 싶어하지 않는다는 점이었다. 이러한 분석 끝에 월간지를 정기 구독하는 습관에서 착안해 양말도 정기적으로 배달해주는 사업을 해보면 어떨까 생각하게 된 것이다. 월간지나 계간지가 일정 기간이 지나면 자동으로 배달되듯이 기간과 수량을 정해 양말을 예약구매하면 소비자의 집까지 배달해주는 방식이었다.

그리하여 블랙삭스닷컴에서는 고객의 선택에 따라 양말을 세 켤레씩 1년에 세 번, 네 번, 여섯 번 등으로 나누어 배달하거나 혹은 열 켤레를 한 번에 배달하는 등 정해진 기간이나 수량대로 판매하고 있다. 단, 양말을 한 벌씩 개별 구매할 수는 없도록 했는데 이는 마진을 고려한 것이었다. 또 양말의 품질이나 배달을 의심하는 고객을 위해 시험 삼아 한 번 구입해보는 기회를 제공하는 것도 잊지 않았다.

까만 양말만 팝니다

블랙삭스닷컴이 둘째로 주목한 것은 양말은 매일 세탁하기 때문에 쉽게 해지고 또 켤레로 사용되기 때문에 간혹 한 짝만 구멍이 날 경우 다른 한 짝마저 신을 수 없다는 문제이다. 그래서 블랙삭스닷컴에서는 동일한 소재와 동일한 색상의 양말만 파는 전략을 선택했다. 서로 짝을 바꿔 신는다고 해도 아무런 불편함이 없도록 하기 위해서다.

하지만 여기에 한 가지 차별성을 더했다. 양말 사이즈를 X-Small에서 XXX-Large까지 여러 단계로 구비해 개인 간의 디테일한 차이를 고려한 것이다. 아울러 고객이 양말을 어떤 상황에서 어떻게 신는지도 배려했는데, 즉 스니커즈를 신을 때는 짧은 양말을, 양복을 입을 때는 발목 위까지 올라오는 긴 양말을 착용한다는 것을 파악해 세 가지 용도로 준비했다.

블랙삭스닷컴은 셋째로 양말은 하루 종일 신고 있어야 하는 것이고, 그러다 보면 발바닥에 땀이 날 수도 있다는 점을 고려했다. 즉 양말을 신을 때의 착용감을 따져 좋은 소재로 만들어야 한다고 생각한 것이다. 그리하여 블랙삭스닷컴은 밀라노 북구의 고기능 염색 기술을 동원하고 고품질 소재를 사용해 양말을 만들었다.

그럼에도 불구하고 블랙삭스닷컴의 양말들은 저렴하다

는 장점이 있다. 인터넷 주문과 배달 서비스 방식을 선택해 재고비용이나 물류비용을 줄임으로써 그 혜택이 고객에게 돌아가도록 했기 때문이다.

고객이 지루하지 않게 하라

블랙삭스닷컴의 혁신 아이디어는 여기서 끝이 아니다. 자칫 무늬도 없는 검정 양말만 구입하다 보면 물건을 받았을 때 고객이 지루함을 느낄 수도 있다는 점도 놓치지 않았다. 블랙삭스닷컴의 웹사이트를 방문한 고객들은 양말과 관련된 다양하고 재미있는 콘텐츠를 접할 수 있다. 익살스러운 캐리커처를 등장시켜 양말에 관한 이야기를 들려주거나 게임을 즐길 수 있게 한 것이다.

또 배달받을 때 티눈 연고나 발톱깎이 같은 선물을 함께 서비스해 웃음을 선사하기도 했다. 예를 들어 2009년에는 출시 10주년을 맞아 '3×3=10, 1 pair for free'라는 제목의 캠페인을 펼치기도 했다. 세 켤레는 봄에, 세 켤레는 가을에, 세 켤레는 겨울에 배달하되 겨울에는 하나 더 주겠다는 것이었다. 또한 제품 다각화의 한 방법으로 여름용 양말 '비즈니스 라이트Business Light'를 출시하기도 했다. 최근에는 인기의 여세를 몰아 남성용 속옷과 폴로 셔츠로까지 제품

포트폴리오를 확대했다.

블랙삭스닷컴은 '검정색 양말'이라는, 참으로 차별화하기 어려운 단 하나의 아이템만으로 성공한 사례다. 물론 이것은 판매 방식의 혁신이 있었기에 가능한 일이었다. 만약 블랙삭스닷컴의 CEO가 자신의 구멍 난 양말을 보고 단지 아내를 탓하는 데서 끝났다면 어땠을까? 과연 오늘날의 블랙삭스닷컴이 존재할 수 있었을까?

작은 불편이나 작은 필요 하나도 놓치지 않고 진지한 태도로 접근할 때 큰 혁신이 만들어지는 것이다. 성공은 어쩌면 '제품의 차별화'가 아닌 '생각의 차별화'만으로도 가능하지 않을까?

고무줄 하나로 연간 1억 달러! 실리밴즈

하송

미국의 초등학생들 사이에서 머스트 해브$^{must-have}$ 아이템으로 떠오른 히트상품이 있다. 그리고 그 상품을 개발해내 연간 1억 달러를 벌어들이는 회사가 있다.[4] 대체 이 회사는 무엇을 팔기에 그런 행복한 성과를 얻은 것일까? 놀랍게도 그것은 가느다란 고무밴드다. 여자아이의 머리를 묶을 때도 쓰고, 종이를 돌돌 말아 고정시킬 때도 쓰고, 예전에 장난감 새총을 만들 때도 쓰던 그 노란색 고무줄 말이다. 작지만 쓰임새 많은 물건이 사실 고무밴드지만, 그토록 많은 수익을 안겨주는 물건이 될 줄이야 누가 알았을까? 놀라운 이야기의 주인공인 미국의 고무밴드 회사 '실리밴즈$^{Silly\ Bandz}$'의 창조적 아이디어의 세계로 들어가보자.

고무줄에서 새로운 가치를 발견하다

실리밴즈의 고무밴드는 우리가 어린 시절에 본 그런 평범한 고무줄이 아니다. 알록달록하니 색깔도 다양할 뿐 아니라 형태도 여러 가지다. 동물 모양 고무줄도 있고, 글자나 만화 캐릭터를 표현한 고무줄도 있다. 손목에 끼우면 색색가지 팔찌로 변신했다가 다시 풀면 원래 모양으로 돌아가는 것도 재미있다.

실리밴즈의 고무밴드는 가격 면에서도 우리가 알던 예전의 그 고무줄과는 차원이 다르다. 색깔과 모양이 다양한 이런 고무밴드 24개를 한 세트에 넣어 파는데, 현재 미국에서 3~7달러에 판매된다.[5] 고무줄 하나에 우리 돈으로 대략 300원이나 하는 셈이다. 그저 좀 특이하고 예쁘다고 해서 이렇게 비싼 고무밴드가 그렇게 잘 팔리다니, 놀랍다. 도대체 비결은 무엇일까?

첫 번째로, 실리밴즈가 기존의 고무밴드에서 새로운 가치를 발견해냈기 때문이다. 다시 말해 실리밴즈는 '생활용품' 고무밴드에서 '신개념의 패션 아이템' 고무밴드를 본 것이다.

사실을 말하자면, 동물 모양 고무밴드를 최초로 개발한 기업은 실리밴즈가 아니었다. 2002년 일본의 한 디자인 그룹에서 처음 개발했는데, 물론 실리밴즈가 개발한 제품보다 크

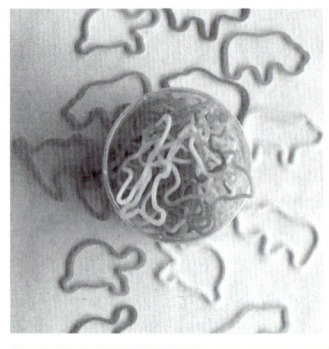

실리밴즈의 고무밴드는 단순한 고무줄이 아니다. 알록달록 색깔도 다양하며 형태도 여러 가지다. 동물 모양 고무줄도 있고, 글자나 만화 캐릭터를 표현한 고무줄도 있다.

기는 훨씬 작으면서 밴드는 더 두꺼운 형태였다. 무엇보다도 그 제품은 정리용 도구의 하나로 출시된 것이었다. 그런데 때마침 일본에 출장을 갔던, 실리밴즈 사의 CEO 로버트 크록Robert Croak은 여기서 엄청난 아이디어를 떠올렸다.

'이 밴드를 더 크고 얇게 만들어서 아이들의 패션 아이템으로 팔면 어떨까?'

로버트 크록의 생각은 적중했다. 출장에서 돌아온 그는 아이들이 좋아하는 밝고 다양한 색상에 동물, 글자, 공룡, 만화 캐릭터 모양을 한 패션 아이템 고무줄을 개발했다. 그의 예상대로 특이한 색상과 모양을 한 '실리밴드'는 아이들의 흥미를 끌었고, 놀이와 이야깃거리를 만들어주는 훌륭한 콘텐츠가 되었다.

실리밴즈의 인기는 곧 하늘을 찌를 정도가 되었다. 아이들은 저마다 이 형형색색의 고무밴드를 손목에 낀 채 학교에

갔다. 등하교 길이나 쉬는 시간이면 서로의 고무밴드를 비교하거나 교환하면서 갖고 노느라 정신이 없었다. 급기야 몇몇 학교에서는 실리밴즈 착용을 금지했고, 어떤 부모는 자녀들의 실리밴즈 수를 제한했다고 한다. 한마디로 선풍적인 인기 상품이었던 것이다.

무심코 지나칠 수 있는 작은 일상용품도 그냥 보지 않고 거기서 무한한 가능성을 발견하고 그 길을 실제로 열어젖힌 CEO의 창조적 발상이 이런 엄청난 유행을 이끌어낸 것이다.

인기가 절정일 때 그 다음을 준비하다

실리밴즈의 성공은 그저 한 번 불고 지나가는 바람이 아니었다. 실리밴즈는 일시적 유행을 넘어서기 위한 숨은 노력을 계속해서 보여주었다. 바로 이것이 실리밴즈의 두 번째 성공 비결이라 할 수 있다.

아이들 사이에서 실리밴드가 큰 인기를 얻자, CEO 로버트 크룩은 더 깊은 고민에 빠졌다. 아이들은 쉽게 싫증을 낸다는 사실을 그 누구보다 잘 알았기 때문이다.

테디베어 브랜드를 이끄는 머사 Murtha 역시 실리밴즈를 두고 슬랩 랩 Slap Wraps 과 비슷하다며 우려를 표명했다. 슬랩 랩이란 한때 아이들 사이에서 크게 유행한 팔찌다. 휘어지는 얇은 금속판 위에 다양한 색상과 패턴의 섬유소재를 덮어 만든 것인데, 1990년에 큰 히트를 쳤지만 그 열기는 그해를 넘기지 못하고 순식간에 식어버렸다.

이처럼 아주 짧은 기간 동안 일시적으로 유행하는 것을 '패드Fad'라고 부른다. 패드는 친구들과 동질감을 느끼고 싶어하는 10대를 위한 장난감이나 의류를 통해 그 예를 손쉽게 찾아볼 수 있다. 얼마 전 우리나라에서도 큰 히트를 친 플라스틱 신발 크록스Crocs도 현재는 바로 그런 상황에 놓여 있다.

처음엔 간호사나 정원사가 주로 신던 신발인 크록스가 갑자기 유행하더니 이젠 세계 어디서나 볼 수 있는 아이템이 되었다. 실제로 2005년 1,700만 달러였던 순이익이 불과 2년 만에 1억 7,000만 달러로 무려 10배나 성장했다. 하지만 그게 다였다. 2008년 크록스는 1억 8,000만 달러의 적자를 기록했다.[6]

실리밴즈는 이런 선례를 따르지 않기 위해 또 다른 길을 모색하고 있다. 단추나 목걸이 같은 액세서리로 제품 다양화를 시도하고, 실리밴즈가 등장하는 게임도 출시할 계획을 세운 것이다. 그에 따라 2010년 11월에는 아이폰용 게임을 출시했고 크리스마스 시즌에는 닌텐도 위Wii 버전을 선보인 바 있다.

나아가, 아이들이 물건 모으기를 좋아한다는 특성을 간파해 한번 만든 모양은 재출시하지 않고 계속 새로운 모양으로만 제품을 생산하고 있다. 인기가 절정에 이르렀을 때 발 빠르게 그 다음을 준비하는 것이다.

웬만한 히트상품 하나도 만들기 어려운 세상에서, 히트상품을 넘어 일대 유행을 만들고 더욱이 그것을 오랫동안 지속시키기란 무척이나 어려운 일이다. 반짝 성공에 만족해 자만에 빠진다면 결코 그 다음은 없을 것이기 때문이다. 성공의 자리를 지키기 위해 혼신의 힘을 다하는 실리밴즈의 모습을 눈여겨봐야 하는 이유이기도 하다.

장난감이 아닌 장난감, 크래니엄

정태수

가족과 함께 집에 있을 때 가장 어색한 순간은 언제일까? 갑자기 정전이 되거나 하여 TV가 꺼졌을 때는 아닐까? 그때의 정적은 온 식구를 난처하게 만든다. 그런데 이 순간을 재미있게 보낼 수 있도록 해주는 장난감을 개발하는 회사가 있다. 바로 미국의 완구회사 크래니엄Cranium이다.

크래니엄의 장난감들은 콘셉트부터가 다르다. 보통의 장난감이 '만 3~4세 여아를 위한 제품', '취학 전 아동을 위한 제품'이라면, 크래니엄은 '가족이 TV를 끈 순간', '초등학생이 친구들과 생일파티를 하는 떠들썩한 순간', '엄마와 아이가 무료하게 앉아 있는 따분한 15분'을 위한 장난감을 개발한다.

크래니엄의 이러한 철학은 공동 창립자 리처드 테이트 Richard Tait 의 말에서도 우러나온다. "우리는 고객이 겪는 순간을 어떤 방법으로 기념할 수 있을까, 그것을 삶이 즐거워지고 머리가 깨어나는 순간으로 만들 방법은 무엇일까에 대해 항상 고민한다."[7]

이곳에서 만들어지는 모든 것은 CHIFF해야 한다!

단순히 아이들이 갖고 노는 장난감을 만드는 회사라기에는 크래니엄의 이력이 너무나 화려하다. 1998년 창립 이래 아동, 학생, 성인 등 모든 연령대를 겨냥한 게임상품을 만들어 온 크래니엄은 2000년부터 미국의 완구산업협회가 선정하는 '올해의 게임'에 꾸준히 선정되었다. 그중에서도 특히 회사명과 동일한 보드게임 '크래니엄'은 미국 역사상 가장 빠른 시간 안에 가장 많이 팔린 보드게임으로, 현재 세계 20개국 10개 언어로 출시되어 500만 세트 판매라는 경이적 기록을 세웠다.[8]

무엇보다도 크래니엄은 미국을 비롯해 전 세계 수백만 명에 달하는 절대적 충성고객을 확보했다는 것이 큰 자랑거리다. 미국의 한 대기업 직원들은 새해맞이를 기념하기 위해 남극으로 떠날 때도 크래니엄 보드게임을 챙겨 가고, 유명

배우 줄리아 로버츠Julia Roberts는 〈오프라 윈프리쇼〉에 출연해 크래니엄 마니아라고 밝히기도 했다.

그런데 이들이 좋아하는 크래니엄의 게임만 독특한 것은 아니다. 그것만큼이나 크래니엄의 기업 경영방식 자체도 매우 유쾌하고 독특하다.

크래니엄에 입사한 사람들은 처음에는 외계어와도 같은 독특한 언어 사용에 어리둥절해한다. 크래니엄 직원들은 언제 어디서나 'CHIFF!'를 입에 달고 산다. 이곳에서 개발되는 모든 것은 'CHIFF'해야 하기 때문이다. CHIFF는 'Creative, High quality, Innovative, Friendly & Fun'의 약자이다. 즉 크래니엄에서 만들어지는 모든 제품은 창의성 개발에 도움이 되어야 하고, 완벽한 품질이어야 하며, 혁신적이어야 하고, 또 친근하고 재미있어야 한다는 의미다.

더욱 놀라운 것은 CHIFF에 대한 공감대가 내부 직원들을 뛰어넘어 하청업체에까지 확산되어 있다는 사실이다. 검수가 끝나 생산에 들어간 제품을 하청업체가 나서서 CHIFF하지 않으니 재검토해달라면서 생산주문을 되돌렸다는 일화가 있을 정도다.

임원진의 명함 또한 특이하기 짝이 없다. 크래니엄의 공동 창립자 휘트 알렉산더Whit Alexander는 '최고 책임 누들러Chief Noodler', CFO 잭 로렌스Jack Lawrence는 '돈 되는 교수님', 게임 콘텐츠 개발 책임자 캐서린 피셔 카Catherine Fisher Carr는

'불꽃 수호자'라는 직함을 달고 있다. 부장이나 사장이라는 딱딱한 직함 대신 독특한 닉네임으로 서로를 부르는 것이다. 어찌 보면 유치한 말장난같이 보이겠지만 이를 통해 크래니엄 직원들은 회사의 미션을 공감하고 체화하게 된다.

최고의 순간을 창조하라

크래니엄 직원들은 모두 CEO가 주창하는 미션을 가슴으로 이해한다. 크래니엄의 미션은 간단명료하다. "모든 사람이 눈부시게 빛날 수 있는 바로 그 '순간^{moment}'을 창조하라." 대자연의 아름다운 풍광을 마주했을 때의 평온함, 열정을 다해 무슨 일인가를 해냈을 때의 충만함, 친구나 가족과 나누는 진실한 교감, 즉 온몸에 행복감이 충만했을 때의 그 순간을 고객에게 만들어주자는 것이다.

이를 위해 크래니엄 직원들은 사람들이 어떤 상황에서 형언할 수 없는 행복감을 느끼는지 '모멘트 분석'을 한다. 예를 들면, 어릴 적 비 내리는 날 오후 어머니와 함께 집안에서 보물찾기 놀이를 하던 행복한 순간을 제품에 반영하는 것이다.

바로 그런 스토리를 담아 탄생한 것이 카리부^{Cariboo}라는 게임이다. 또 콩가^{Conga}라는 게임은 피곤한 일과를 끝낸 식구들이 저녁에 함께할 수 있는 무언가가 필요할 때 즐길 수 있는 게임으로, 특정 모형을 만들고 단어 게임을 하면서 서로의 생각을 알아맞히며 자연스럽게 가족 간 유대감이 강화되도록 한다.

고객을 기업 전도사로 나서게 만드는 힘

크래니엄의 미션은 고객대응에서도 그대로 적용된다. 앞서 언급했듯 크래니엄에는 충성도 높은 커뮤니티 회원이 수백만 명 있다. 크래니엄은 그 고객들에게 최고의 순간을 선사함으로써 그들을 완전히 매료시킨다. 예를 들어 카드에 적힌 암호를 해석하면 멋진 프러포즈가 되는 특별제품을 만들어 가장 멋진 순간을 보내도록 돕기도 하고, 오지에서 외롭게 사는 노부부의 40주년 결혼기념일을 축하하는 특별제품을 제작해 전용 비행기로 전달해주기도 한다. 이렇듯 누군가가 특별한 순간을 기념할 수 있도록 수많은 이벤트를 기획함으로써 다수의 충성고객을 확보할 수 있었던 것이다.

크래니엄은 이들을 '크래니악Craniac'이라 부르며 크래니엄의 열정과 가치관을 공유하는 게임 플레이어로 대우한다. 그뿐 아니라 '큰귀Big Ear'라는 명칭으로 불리는 제도를 통해 새로운 게임의 프로토타입을 크래니악들에게 우선적으로 보여주고 이들의 의견을 반드시 반영하도록 하는 제품개발 프로세스를 견지한다. 바로 이런 노력이 크래니악들로 하여금 기꺼이 크래니엄의 전도사로 나서게 만드는 것이다.

기업의 사명이 기업의 문화로 정착하기란 말처럼 쉽지 않다. 흔히 기업의 사명은 홈페이지 혹은 사업보고서에나 존재할 뿐 직원들의 머릿속, 나아가 마음속에 자리 잡는 경우는 많지 않다. 그런 점에서 기업의 사명은 명료하면서도 한눈에 들어오는 것이어야 하며, 종업원들의 공감과 이해를 얻고 다양한 강화작용을 통해 지속적으로 조직 내에 체화되어야만 하나의 기업문화로 정착될 수 있다. 그래야만 고객에게까지 그 마음이 전달될 수 있기 때문이다.

크래니엄은 거창한 수식으로 가득 찬 기업 사명이 아닌, 간단명료하게 시각화할 수 있는 사명, 그리고 조직 내의 이해와 공감을 기반으로 자기들만의 언어로 구조화한 기업문화를 만들고 이를 매출 확대로 연결시킨 대표적 사례라고 볼 수 있다. 과연 우리 조직의 사명은 어떠한가? 사내 액자에 걸린 사명이 직원들 가슴속 깊이 파고들어가 생동하고 있는지 고민해볼 일이다.

미슐랭과 미쉐린의 관계를 아시나요?

이정호

"밥 짓는 사람 따로 있고 밥 먹는 사람 따로 있다"라는 말이 있다. 이것을 기업 관점에서 말하자면, "시장을 만든 기업 따로, 시장에서 이득을 챙기는 기업 따로"라는 뜻이 되겠다. 그런데 여기 이런 일반론을 뛰어넘는 흥미로운 기업이 있다. 약 100년의 세월 동안 밥도 짓고 맛있게 먹기도 하는 그런 기업이다. 1895년 자동차용 고무타이어를 최초로 개발한 프랑스 기업 미쉐린^{Michelin}이다(프랑스어 발음으로 읽으면 '미슐랭'이다).

1889년 프랑스 파리 남부의 소도시 클레르몽-페랑에서 앙드레와 에두아르 미슐랭 형제가 세운 이 회사는 세계에서 가장 오래된 가족기업 중 하나로, 창업자 일가가 4대째 이어오고 있다. 설립된 지 122년이나 되었지만 여전히 세계 타이어시장 1, 2위를 다투며, 2009년 미국의 저명한 소비자 평가지 《컨슈머 리포트》 품질평가에서는 무려 4개 부문 최고 등급을 획득한 바 있다.[9] 이는 전 세계 타이어업체 중 최고 성적이었다. '타이어'라는 한 우물을 파면서도 글로벌 최고 기업의 명성을 이어나가는 미쉐린의 혁신 DNA를 분석해보자.

하이테크 회귀 본능, 기술로 승부하다

미쉐린을 대표하는 혁신 DNA는 우선 '유일무이형 기술혁신'이라 할 수 있다. 아주 오래전 일화를 예로 들어보자. 1891년, 하루는 경륜 선수가 펑크 난 타이어를 고쳐달라며 미슐랭 형제에게 가져왔다. 당시 자전거 타이어는 쇠바퀴에 고무타이어를 바로 부착하는 일체식이라 수리에만 몇 시간씩 걸리기 일쑤였다. 미슐랭 형제는 이 자전거 선수와의 대화를 통해 타이어를 보다 간단히 수리할 방법은 없을까 고민했다. 그 결과 세계 최초로 단 15분 만에 교체 가능한 착탈식 타이어를 발명하게 되었다.

미쉐린이 만든 이 타이어로 경륜 대회에 출전한 샤를 테롱 Charles Terront 선수는 1891년 파리-브레스트-파리 PBP 1,200km 장거리 레이스에서 우승했는데, 2등과는 무려 9시

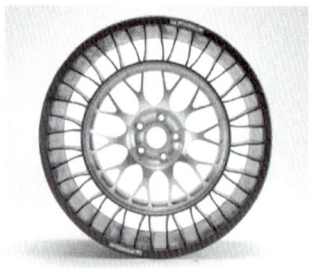

미쉐린은 '세계 최초'나 '최신 기술'이라는 수식어를 단 제품을 잇달아 세상에 내놓았다. 2005년에는 공기 주입이 필요 없는, 모양이 지면에 따라 유연하게 변형되는 놀라운 '타이어 트윌'까지 선보였다.
자료: http://www.time.com

간이라는 놀라운 격차를 만들어냈다. 덩달아 미슐랭 형제도 일약 스타로 떠올라 유명세를 타게 되었음은 물론이다. 70시간 이상 달리며 자전거의 내구성을 시험하는 이 시합에서 샤를 테롱 선수 역시 중간 중간 타이어에 펑크가 났지만 신속히 교체할 수 있었기에 거둔 압승이었다.[10]

이후 미쉐린은 '세계 최초'라든지 '최신 기술'이라든지 하는 수식어를 단 제품을 잇달아 세상에 내놓았다. 특히 1946년에 개발된 래디얼radial 타이어는 처음으로 타이어에 금속을 넣은 제품으로 타이어의 역사를 새로 쓴 기념비적 발명품이다. 래디얼 타이어는 미쉐린을 세계시장을 호령하는 리더 기업으로 끌어올린 대히트작이었다. 이 밖에도 미쉐린은 1981년에 최초의 항공기용 래디얼 타이어를 개발했고, 급기야 2005년에는 공기 주입이 필요 없는, 모양이 지면에 따라 유연하게 변형되는 놀라운 타이어 트윌Tweel까지 선보였다.[11]

1980~1990년대 무리한 글로벌 M&A에 따른 부도 위기로부터 미쉐린을 살린 것도 역시나 '기술 초심으로의 회귀'였다. 1990년 미쉐린은 북미 시장 공략을 위해 미국의 유니로열 굿리치 타이어Uniroyal Goodrich Tire Company를 15억 달러에 인수한다. 하지만 유니로열이 지닌 막대한 부채로 인해 오히려 미쉐린까지 심각한 경영난을 겪게 된다.

이때 미쉐린이 과감한 구조조정과 함께 선택한 비장의 무기는 신소재를 활용한 혁신제품 개발이었다. 1992년 타이어 접지면 스레드thread를 석유 부산물인 카본블랙에서 모래로부터 추출한 실리카로 교체한 '그린 타이어'를 출시해 대성공을 거두면서 기사회생한 것이다.

이 같은 미쉐린의 '기술 본능'을 상징하는 것이 1965년 클레르몽-페랑에 건립한 라두Ladoux 기술 R&D센터다. 4.5㎢ 부지에 테스트 트랙이 41km에 달하고, 상주 연구원만 3,600명에 이르는 대규모 연구센터다. 단지 건축물 규모만 큰 게 아니다. 미쉐린은 매년 업계 최고 수준인 5억 유로 이상을 이곳에서 이뤄지는 연구개발에 쏟아 붓고 있다. 이처럼 미쉐린은 10년 이상을 내다보는 장기적 안목의 대규모 투자로 후발주자들과의 차별화를 꾀하고 있다.[12]

하이테크 마인드, 친근한 얼굴로 다가가다

두 번째로 주목해볼 미쉐린의 혁신 DNA는 기술 기반 제품인 타이어에 최초로 캐릭터를 도입해 '고高감성 마케팅'을 펼쳤다는 점이다. 미쉐린 하면 저절로 떠오르는 미쉐린맨, 투실투실한 몸에 타이어를 두른 듯 온몸에 주름이 잡힌 귀여운 캐릭터다. 이름하여 '비벤덤Bibendum'이다.

1898년에 태어났으니 비벤덤은 현재 114세가 된 역사상 가장 오래된 상업 캐릭터다. 미쉐린의 초대 사장 앙드레 미슐랭이 "타이어를 쌓아둔 모양이 꼭 사람 같지 않아?" 하고 묻는 동생 에두아르의 말에 착안해 개발한 캐릭터라고 한다.

초기 미쉐린 광고에서 비벤덤은 유리조각이나 못이 가득 든 와인 잔을 치켜들고 이렇게 말한다. "자, 한잔합시다." 당시 소비자들의 골칫거리였던 타이어 펑크 문제를 해결했다는 자신감이 위트 있게 표현된 것이다. 이후 다양한 광고, 이벤트, 간판 등에 비벤덤이 등장하면서 지금까지도 프랑스의 국민 캐릭터로 큰 사랑을 받고 있다.

1980년대 광고에서는 007시리즈 영화를 패러디했고, 1990년대에는 아기와 함께하는 광고를 통해 편안함과 안전성을 강조하는가 하면, 최근에는 그린Green 시대에 걸맞게 친환경 전도사로 활약하는 등 시대에 따라 회사가 말하고 싶은 바를 부드럽게 이야기하는 대변인 노릇을 톡톡히 해내고 있다.

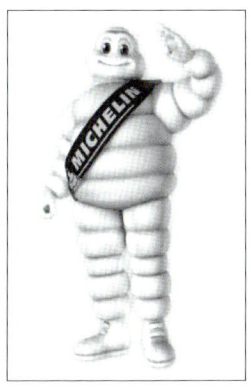

미쉐린 하면 저절로 떠오르는, 투실투실한 몸에 타이어를 두른 듯 온몸에 주름이 잡힌 귀여운 캐릭터 '비벤덤'. 미쉐린은 타이어에 최초로 캐릭터를 도입해 고감성 마케팅을 펼쳤다. 각종 광고에 등장하는 이 미쉐린맨은 프랑스의 국민 캐릭터로 사랑받고 있다. 오른쪽은 비벤덤이 등장한 미쉐린의 초기 광고.
자료 : http://www.michelin.com

뉴 도메인 전략, 업을 한 차원 높이다

미쉐린을 장수기업으로 만드는 세 번째 혁신 DNA는, 제품을 팔기보다는 자동차 문화를 판다는 '업業의 도메인 혁신'이다. 미쉐린은 타이어가 단순히 자동차의 한 부품에 불과하다는 생각을 거부한다. 그들은 타이어가 '인간의 이동mobility을 더 안전하고 행복한 경험으로 만드는 것'이라고 생각하며, 이러한 가치를 전달하기 위해 교통표지판이나 여행용 지도를 제작하는 것은 물론 심지어 식도락 안내책자인《미슐랭 가이드》까지 출판한다. 타이어를 팔기 위해서는 자동차가 많이 팔려야 하고, 그러려면 자동차로 즐길 만한 문화가 확산되어야 한다는 원점사고原點思考에 근거한 전략이다.

실제로 주유소, 정비소, 표지판이 부족해 자동차를 탄다는 것 자체가 큰 모험이었던 1910년대에 오늘날에 보는 것 같은 도로표지판을 최초로 설치한 주인공이 바로 미쉐린이다. 아울러 복잡하기 그지없는 유럽의 도로망을 도시별·구역별로 알기 쉽게 정리해낸 미쉐린의 지도는 어찌나 정교한지, 제2차 세계대전 중 노르망디 상륙작전 때 연합군 측이 활용했을 정도라고 한다.[13]

1900년 파리 만국박람회를 기념해 처음 발행된 《미슐랭 가이드》는 이젠 프랑스 식문화를 상징할 정도로 유명한 식도락 안내서가 되었다. 이 가이드에서 매기는 별점 하나에 식당의 운명이 결정될 정도로 그 권위를 인정받고 있는 것이다. 《미슐랭 가이드》는 유럽과 미국만이 아니라 도쿄(2007년), 오사카·교토(2009년) 판까지 발간되면서 아시아로도 그 영향력이 뻗어나가는 추세다.[14]

100년이 넘도록 최고의 자리를 지켜오면서도 미쉐린은 혁신에 혁신을 거듭하는 '길 위의 달리기'를 멈추지 않고 있다. 미쉐린의 3차원 혁신 DNA에는, 어려운 고비마다 파괴적 혁신으로 돌파하는 '하이테크 회귀 본능', 딱딱한 기술의 얼굴을 하기보다는 친근한 소비자의 언어로 환원할 줄 아는 '하이터치 마인드', 그리고 자신의 업을 좁히기보다는 오히려 한 차원 높게 설정하는 '뉴 도메인 전략'의 절묘한 조합이 새겨져 있다. 그 어느 것 하나, "남들이 가보지 않은 길을 간다"라는 미쉐린의 경영철학이 깃들지 않은 게 없다.

　미쉐린의 사례를 통해 100년 기업으로 이어질 우리 토종 기업 고유의 혁신과 장수 DNA는 무엇일지 생각해보게 된다.

실패? 이왕이면 크게 하라!
알레시

하송

 그 모양만으로도 슬며시 웃음이 터지는 재미있는 디자인을 가진 세 가지 제품 이야기로 시작해보자.
 우선, 스테인리스 주전자 주둥이에 새 한 마리가 앉아 있다. 물이 끓으면 주전자 안에서 나오는 수증기로 인해 새가 우는 것 같은 소리가 난다. 그 다음으로 화분처럼 생긴 제품인데, 다름 아닌 변기솔이다. 솔의 윗부분이 꼭 잎사귀처럼 생겼는데 그 부분이 손잡이이고, 화분은 솔을 꽂아두는 통이다. 마지막으로 병뚜껑을 딸 때마다 악마가 이를 악무는 모습에 절로 웃음이 나오는 제품인데, 바로 병따개다.
 이 재미있는 모양의 제품들은 모두 이탈리아 기업 알레시Alessi의 대표 제품, 아니 작품들이다.

그 모양만으로도 웃음이 터지는 알레시의 대표 제품, 주전자와 변기솔 그리고 병따개. 알레시의 주방용품들은 자칫 기능적이고 단조로울 수 있는 주방에 독창적 디자인으로 유쾌함과 신선함을 던져준다.

1921년, 조반니 알레시Giovanni Alessi가 소규모 공방 형태로 설립한 디자인 기업 알레시는 현재 60여 개국에 제품을 수출하는 세계적인 기업으로 성장했다. 알레시의 주방용품들은 자칫 기능적으로만 치우칠 수 있는 단조로운 주방에 독창적 디자인으로 유쾌함과 신선함을 던져주고 있다. '꿈을 만드는 공장'이라 불리는 알레시의 창조 비법을 알아보자.

실패를 기념하는 '실패박물관'

출시 후 시장의 비웃음을 살 정도로 크게 실패한 제품이 있다면 어떻게 하겠는가? 아마 기업들 대부분은 해당 제품을 창고나 쓰레기통에 처넣거나 폐기처분할 것이다. 하지만 알레시는 이들 실패한 제품을 모아 실패박물관이라는 것을 세웠다.

알레시의 대표적 실패작은 원뿔형 주전자다. 외형만 놓고 보자면 조형적으로는 완벽에 가까울 정도로 훌륭하지만, 물이 끓을 때 손잡이가 동시에 데워져 도저히 잡을 수가 없다. 몸통과 손잡이가 동일한 스테인리스 소재로 제작되었기 때문이다.

그런데 왜 알레시는 시장의 외면을 받은 이런 제품들을 모아둔 것일까? 알레시 직원들은 이런 제품이 전시된 실패박물관을 수시로 찾아가 그 물건들을 살펴보며 미팅을 한다. 실패 원인을 다시 분석해보고 실패를 거울삼아 더 나은 제품을 만들 수 있도록 하는 것이다.

알레시의 현 CEO 알베르토 알레시Alberto Alessi는 이렇게 강조한다. "나는 내 주위 사람들에게 1년에 1~2개 대실패를 하는 것이 얼마나 중요한지 늘 이야기한다. 알레시가 대실패 없이 2~3년 간다면, 우리는 디자인계에서 선두 자리를 잃게 될 것이다."[15]

실패는 곧 새롭고 독창적인 시도이며, 실패가 없다는 것은 곧 도전도 없다는 의미다. 결국 알레시의 성공은 실패가 만들었다고 해도 과언이 아닌 것이다.

누구에게나 기회의 문을 열어두다

알레시가 지닌 또 하나의 성공비결은 유연성과 개방성이다. 인재를 영입하기 위해서라면 그 어떤 형식에도 얽매이지 않고 그 누구에게도 문을 활짝 열어둔다는 이야기다.

1970년대에 법학도 출신으로 알레시 경영에 합류한 CEO 알베르토 알레시는 인하우스 디자인을 과감히 포기하고 외부 디자이너를 적극 활용하기 시작했다. 이를 위해 고故 에토레 소트사스Ettore Sottsass, 리처드 사퍼Richard Sapper, 알레산드로 멘디니Alessandro Mendini 등 세계적인 디자이너들을 알레시의 작업에 참여시켰다. 건축가부터 순수예술가, 인테리어 디자이너 등 분야를 가리지 않고 능력 있는 예술가들과 손을 잡은 것이다.

그러나 알레시는 이처럼 세계적인 일류 예술가들과 협업을 하면서도 또 한편에선 무명 디자이너에게도 문을 활짝 열어주었다. 예컨대 고슴도치 모양의 문구 제품 '도찌dozi'는 한국의 한 대학에서 진행한 워크숍에서 나온 아이디어를 상품화한 것으로, 이 제품 덕분에 아이디어의 주인공은 한국인 최초로 알레시 디자이너로 합류할 수 있었다.

알레시의 유연성과 개방성은 비단 사람 간의 관계에 그치는 것이 아니라, 다른 회사와의 관계에도 마찬가지로 적용된다. 1991년 알레시는 필립스와 손잡고 제품을 개발해 화제

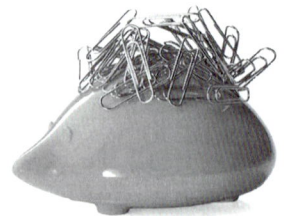

알레시는 무명 디자이너에게도 문을 활짝 열어 놓고 있다. 고슴도치 모양의 문구 제품 '도찌'는 한국의 한 대학에서 진행한 워크숍에서 나온 아이디어를 상품화한 것이다.
자료: http://www.alessi.com

를 불러일으켰다. 감수성과 이야기가 있는 디자인을 강조하는 알레시가 기능성과 편리성을 추구하는 필립스와 손잡았다는 것은 사실 창업 이래로 고수해온 알레시의 디자인 철학에 위배되는 사건이라고도 볼 수 있었다.

하지만 알레시는 실험적 프로젝트를 진행하는 데도 전혀 주저함이 없었고 결국 커피메이커, 토스터, 믹서 등에서 감각적인 디자인과 정밀기술이 시너지 효과를 발휘하는 제품을 성공적으로 탄생시킬 수 있었다.

지금도 1분에 하나씩 판매되는 '안나'의 비밀

알레시가 자랑하는 창조력의 마지막 비결은 친근함에서 비롯된다. 알레시는 "디자인이란 멀리 미술관에 박제된 전시품이 아니라 생활 속에 가까이 두고 사용하는 일상용품에서 이뤄져야 한다"라는 철학을 갖고 있다. 당연히 알레시는 디자인 콘셉트를 일상에서 포착한다.

지금은 이미 유명해진 제품으로 와인 코르크 따개 '안나'가 있는데 이 역시 바로 그런 경우다. 디자이너 알레산드로 멘디니가 무용가였던 여자친구의 춤동작에서 힌트를 얻어 만들어낸 제품이다. 코르크를 따기 위해 머리 부분을 돌리면 양 팔이 저절로 올라가면서 '춤추는 무용수' 같은 모습이 된다. 사실 이 제품은 알레시가 기자들을 대상으로 한 미디어 홍보용으로 제작했던 것인데 소비자들의 빗발치는 요구에 따라 대량생산에 이르게 되었다. 지금도 1분에 하나꼴로 팔리는 스테디셀러다.

또한 왕관처럼 생긴 쟁반도 유명한데, 이것은 아이들의 종이접기 놀이에서 힌트를 얻은 작품이라고 한다. 이처럼 일상 속에서 아이디어를 발견한 아기자기한 디자인 덕분에 알

와인 코르크 따개 '안나'는 머리 부분을 돌리면 양 팔이 저절로 올라가며 춤추는 무용수같이 된다. 원래 미디어 홍보용으로 제작했지만 소비자들의 빗발치는 요구로 대량생산에 이른 제품이다.
자료 : http://www.alessi.com

레시의 제품은 소비자들에게 친근함을 주면서 쉽게 공감을 얻어낼 수 있었다.

작은 가족기업으로 시작한 알레시가 100여 년에 걸쳐 성장을 거듭하며 지속적으로 사랑받아온 비결은 결국 틈새시장을 잘 지켜왔다는 데서 찾을 수 있다. 대중성과 예술성, 혁신과 친근함 사이에서 소비자가 무리 없이 받아들일 수 있는 제품을 계속 선보인 덕분이다. 우리 옆 일상의 숨어 있는 1인치에서 창조력의 힌트를 찾아봐야 할 이유다.

마징가Z 기지를 만들어드립니다! 마에다건설

백창석

우리나라에서도 1970년대 중반에 TV로 방영되어 큰 인기를 누린 만화영화 〈마징가Z〉를 기억하는가? 힘찬 주제곡과 함께 로켓 주먹을 뻗으며 하늘을 향해 날아오르던 로봇 마징가Z. 이 만화영화에서 또 하나 빼놓을 수 없는 것이 수영장 물이 마치 홍해 갈라지듯 나뉘면서 그 사이의 로봇기지에서 마징가Z가 등장하던 장면이다.

그런데 이런 로봇기지는 만화영화에서나 가능한 황당한 설정일까? 혹시 이 기지를 실제로 만들 수는 없을까? 놀랍게도 일본의 한 건설회사에서 마징가Z 기지를 만들겠노라 호언장담을 하고 나섰다.

주인공은 바로 일본의 대형 건설회사 마에다건설前田建設

이다. 마에다건설은 '20세기 최대의 프로젝트'라 불리는 도쿄만 아쿠아라인 인공섬을 비롯해 요코하마 베이브리지, 우나즈키 댐 등 일본에서 역사적 의의를 지니는 대공사를 잇달아 성공시키며 첨단 건설공법의 선두주자로 명성을 떨쳐왔다.

판타지 영업부가 만들어낸 놀라운 성과

이 마에다건설이 생뚱맞게도 '마징가Z 프로젝트'에 착수한 것이다. 시작은 2003년으로 거슬러 올라간다. 마에다건설은 우선 최정예 전문가 4명을 차출해 '판타지 영업부'라는 신설 부서를 만들고 마징가Z 기지 현실화에 돌입했다. 그러고는 판타지 영업부 웹사이트에 기지의 설계과정과 세부사항, 입지조건 등 전 공정을 세세히 게시했다. 적의 침입과 방해, 천재지변만 없다면 6년 5개월 동안 72억 엔으로 격납고를 건설할 수 있다는 결론이었다.[16]

그런데 사실 이 프로젝트는 공사에 필요한 흙 한 줌, 삽한 자루 준비되지 않은, 별도 예산 책정 없이 진행된 가상 프로젝트였다. 하지만 반응은 매우 놀라웠다. 이 프로젝트만으로 1억 엔 이상의 홍보 및 이미지 개선 효과를 창출했다니 말이다. 판타지 영업부의 홈페이지는 접속자들의 폭주로 다운될 지경이었고, 이 이야기를 담은 책까지 출간되면서 빅히트를 쳤다. 그뿐만이 아니다. 회사 분위기도 놀랍게 활기를 띠게 되었고, 마에다건설에 취업하려는 지원자도 폭증했다고 한다.[17]

대체 이 엄청난 프로젝트는 어떻게 시작된 것일까? 일반적으로 건설업은 워낙 딱딱한 이미지로 굳어져 대중에게 다가서기가 쉽지 않다. 특히나 당시 일본의 건설업체들은 연이어 터져 나온 부정부패 사건 때문에 좋지 않은 이미지로 큰 타격을 입은 상태였다. 이로 인해 젊은 직원들의 사기까지 크게 떨어져 있었다.

이에 마에다건설 기획부에 다니던 한 직원이 아이디어를 내기에 이르렀다. 가상의 건설 프로젝트를 만들어 진행과정과 결과를 웹사이트에 게시함으로써 건설업에 대한 일반인의 이해도를 높이고 이미지도 제고하자는 발상이었다. 건설업 홈페이지에서 만화영화에 등장하는 로봇기지를 설계하다니……. 참으로 엉뚱한, 당연히 우스갯거리로 여겨질 것만 같았던 이 프로젝트가 대성공을 거둔 요인은 대체 무엇일까?

건설업도 '감동'을 만들 수 있다는 생각

마징가Z 프로젝트의 첫 번째 성공요인은 바로 감성적 접근이다. 이 프로젝트를 기획한 마에다건설 직원은 1998년, 혼다가 새로 출시한 로봇 아시모의 발표회장에 참석할 일이 있었다. 그곳에서 그는 어른이나 아이 할 것 없이 모두들 좋아하는 모습을 보며 '왜 건설업계에선 이런 감동을 만들어내지 못할까?' 생각하게 되었다고 한다. 판타지 영업부가 마징가Z를 선택한 것은 바로 이 때문이었다.

로봇이라는 소재가 사람들에게는 꿈과 희망을 대표하는 아이콘이고 그중에서도 마징가Z는 현재 30~40대 남자라면 어렸을 적에 한 번쯤 그 주인공 흉내를 내봤던 추억의 대상이다. 그런 배경에서 판타지 영업부가 마징가Z 기지를 건설하겠다는 야심찬 목표는 사람들의 꿈, 동경, 추억 등을 자극하며 많은 관심을 끌어낼 수 있었던 것이다.

디테일한 접근으로 주목도를 높이다

하지만 "마징가Z 기지를 건설하겠습니다!"라고 말만 하고 끝냈다면 그야말로 허황된 공상에 지나지 않아 오히려 사람들의 실망만 키웠을 것이다. 판타지 영업부의 두 번째 성공 요인은 바로 감탄할 정도의 디테일이다. 사람들의 환상이 막연한 공상에 그치지 않고 현실화될 수 있다는 쪽으로 진지하고 깊이 있게 접근한 것이다. 이를 위해 판타지 영업부는 관련 비디오와 만화를 수십 번 보며 꼼꼼히 분석했고, 현실화를 위해 히타치조선, 구리모토철공소, 미쓰비시중공업, JR동일본 등 다른 회사들의 협조와 참여까지 구했다.

이런 구체적인 노력을 통해 수주를 받으면 당장이라도 건설이 가능하도록 정밀 검증까지 마쳤다고 한다. 예컨대 원작 만화영화에 "마징가Z의 기지는 후지산 남쪽 기슭"에 있다는 단 한 줄의 단서를 토대로 후지산 남쪽 전체의 지질을 조사해 실제로 기지가 건설될 만한 입지조건을 확보했고, 마징가Z 출격에 걸리는 시간이 평균 10초라는 것도 확인해 그 시간에 맞춰 약 300톤에 달하는 수영장 물이 한꺼번에 배수된 뒤 마징가Z의 격납고 엘리베이터가 올라가도록 설계했다. 이렇게 해서 최종적으로 산출된 건설예산은 72억 엔이라고 공지했다. 결국 임의로 적은 공상 속 데이터가 아니라 모두의 꿈이 실현되는 데 필요한 실제 금액과 기간이 산출된 것이다.

더욱이 이 프로젝트는 대형 공사 경험이 있는 건설사가 앞장서서 추진한 것이기에 사람들에게 실현 가능하다는 믿음을 줄 수 있었다. 마에다건설은 마징가Z 기지 건설 프로젝트 성공에 힘입어, 그 다음엔 '은하철도 999 우주레일 건설' 프로젝트도 성공적으로 마쳤으며, 현재는 또 다른 프로젝트를 진행 중이라는 소식이 들려온다.•

• 2012년 현재 '우주전함 야마토 2199 프로젝트'(발주처 UN 우주군, 2199년)를 진행 중이다.

마에다건설의 판타지 영업부 사례는 우리 기업에도 중요한 두 가지 시사점을 준다. 그 첫째는 소프트 경쟁력을 키워야 한다는 점이다. 기업들이 사업을 전개할 때 가장 중요한 자산이자 핵심적인 경쟁수단은 무엇일까? 그것은 사회구성원들이 그 기업을 어떻게 보느냐, 즉 올바르고 좋은 이미지를 갖는 것이다. 이는 B2C 기업만이 아니라 소비자들과 직접 연관이 없는 B2B 기업에도 마찬가지다. 마에다건설은 회사의 긍정적 이미지를 제고하여 우호적 사업환경을 창출하기 위해, 앞서 살펴본 것과 같은 재미있는 프로젝트를 연이어 추진한 것이다.

둘째는 수익에 투자하기보다는 꿈에 투자하는 것이 놀라운 결과를 가져올 수 있다는 점이다. "하나의 꿈을 향해 노력하는 마음은 반드시 여러 사람의 마음을 움직일 수 있다." 마징가Z 프로젝트를 추진한 판타지 영업부 직원의 말이다. 미래시장을 선점할 힘은 작은 상상에서 시작된다는 경영의 진리를 다시 한 번 되새길 때다.

인공위성이 만든 와인, 몬테스 알파

이정호

와인산업이라고 하면 경영자들은 무슨 생각을 가장 먼저 할까? 포도가 잘 영글기를 기다렸다가 멋진 레이블이 붙은 병에 담기만 하면 잘 팔릴 것 같은, 단순한 1차 식품산업이라고 생각하는 사람도 혹 있을지 모르겠다. 하지만 와인산업은 사실 그렇게 간단하지 않다. 오히려 고도의 노하우와 첨단기술, 지속적 혁신, 차별화된 마케팅 능력, 그중에서도 특히 브랜드 경쟁이 치열한 첨단 산업이다.

그런데 수백 년 명가들 간의 피 튀기는 경쟁 속에서 불과 20년 만에 독보적 성장을 한 와인 제조사가 있다. 그것도 '와인의 본류'라고 일컬어지는 프랑스에서도 아니고, 수백 년 전통을 자랑하는 와이너리도 아닌, 설립 당시만 해도 '와인의 불모지'라 불리던 칠레에서 말이다. 주인공은 바로 '몬테스 알파Montes Alpha'라는 와인 브랜드로 유명한 100% 칠레 로컬기업 몬테스Montes다.

한국 진출 10여 년 만에 300만 병 판매를 돌파함으로써 단일 와인 브랜드로는 최고 판매 실적을 기록해 화제가 되기도 한 와인 제조사 몬테스, 와인의 변방 지역에서 95% 이상 수출하는 글로벌 강자로 도약한 이 회사의 성공비결을 알아보자.

"남미 최고의 와인을 만들자!"

1988년 중년 남성 넷이 "남미 최고의 와인을 만들자"며 의기투합해 몬테스 사를 창립했다. 수석 와인 제조사 아우렐리오 몬테스Aurelio Montes, 와인 수출 마케팅에 정통한 더글라스 머레이Douglas Murray, 재무에 정통한 알프레도 비다우레Alfredo Vidaurre, 와인 제조 설비기술 전문가 페드로 그란드Pedro Grand 가 그들이다.

하지만 설립 당시만 해도 칠레에서 와인산업은 미개척 황무지나 다름없었다. 칠레의 와인업자들은 프리미엄 와인을 만들 지식을 보유했으면서도 세계 시장에 도전할 엄두는 내지 못했고, 그저 칠레라는 작은 니치 시장에 만족하고 있었다. 또한 당시에는 칠레 와인에 대한 부정적 선입견도 있어서 수출에 치명적 약점으로 작용했다. 칠레 국민들의 입맛에만 맞춘 기존 로컬기업들의 와인은 보르도 와인에 익숙한 세계 소비자의 취향과는 거리가 멀었다. 설령 해외 시장을 파고든다 하더라도 가격으로 승부하는 슈퍼마켓용 저가 와인이 대다수여서 '칠레 와인은 곧 싸구려'라는 고정관념을 깨뜨리기는 불가능해 보였다.

하지만 몬테스 알파는 이런 선입견을 확실히 깨뜨렸다. 즉 싸구려 와인이라는 장벽을 뛰어넘어 세계인의 입맛에도 통하는 프리미엄 와인을 만드는 데 성공한 것이다. 최악의 시장환경 속에서 그들은 어떻게 최고의 프리미엄 브랜드를 완성할 수 있었을까? 그들 앞에 놓인 수많은 장애물을 어떻게 극복했던 것일까?

'까다로운 목표'부터 먼저 공략하다

첫째는 아예 처음부터 까다로운 일에 과감히 도전했다는 점이다. 이는 다시 말하면, 여론 주도층의 신뢰를 먼저 얻은 뒤 그것을 바탕으로 대중적 인지도를 넓혀가는 '선先신뢰-후後인지' 전략이다. 몬테스의 창업자들은 아무리 좋은 와인을 만든다 해도 그것이 슈퍼마켓에 놓여서는 소비자에게 어떤 감동도 줄 수 없다고 생각했다. 그리하여 그들은 칠레라는 국내 시장과 일반 소비자를 과감히 버리기로 했다. 대신에 해외 수출과 까다로운 평론가 집단 만족시키기를 자신들이 새로 걸어가야 할 길로 정하고 거기에 마케팅 역량을 집중했다.

몬테스는 영미^{英美} 시장, 그중에서도 여론 주도층인 와인 평론가들을 공략했다. 몬테스 알파를 만든 몬테스 사가 맨 처음 한 일은 까다롭기로 유명한 영국의 와인평론가 오즈 클라크$^{Oz\ Clark}$에게 샘플을 보낸 것이다. 제대로 인쇄된 레이블 하나 없이 손으로 그린 걸 붙여서……

그러나 결과는 대성공이었다. "드디어 칠레에서도 응축된 와인이 나왔다"라는 오즈 클라크의 한마디는 그 어떤 광고 문구나 마케팅 전략보다도 큰 영향력을 발휘했고 바로 그것이 오늘날의 몬테스를 만드는 디딤돌이 되었다.[18]

'바보짓'이 만든 최고급 프리미엄 와인

둘째로 몬테스는 한 번도 시도해보지 않은 일이라도 혁신을 두려워하지 않았다. 정성과 인내가 최우선이라는 믿음이 팽배한 와인업계에서 몬테스는 인공위성과 첨단 장비를 동원하는 혁신을 이뤄냈다. 예를 들어 인공위성센터의 도움을 받아 얻어낸 지질학 정보를 활용해 최적의 포도재배지를 물색하는가 하면, 포도밭 1㎡마다 토양의 성질과 수분을 분석하는 장치를 설치했다.

더욱 흥미로운 것은 와인제조에 일종의 풍수風水 개념을 도입했다는 사실이다. 발효탱크를 고정하고 펌프를 써서 와인을 인위적으로 밀어 이동시키는 것이 통상적인 와인 제조법이었다. 하지만 몬테스는 기계력보다는 자연력을 이용해 와인을 제조하고자 했다. 그래서 발효탱크 자체를 승강기로 오르내리게 함으로써 와인이 자연스레 흘러내리도록 하는 장치를 도입했다. 이 방법을 쓰면 포도 조직이 전혀 상하지 않기 때문이었다.

또한 몬테스는 기울기가 45°이상인 급경사 황무지를 개간해 포도를 재배하는 생소한 방식을 칠레 최초로 도입하기도 했다. 그러자 와인업계에서는 2인 1조로 곡예사처럼 줄에 의지해 포도를 수확해야 하는 이 방식을 두고 원가가 2배로 드는 '바보짓folly'이라며 비웃었다. 그렇지만 이번에도 몬테스는 칠레에선 보기 드문 고급 품종 시라Syrah를 보기 좋게 재배해 프리미엄보다도 한 단계 더 높은 울트라 프리미엄 와인 '몬테스 폴리Montes Folly'를 만들어내기에 이른다. 조롱을 퍼붓던 사람들에 대한 점잖은 조크가 담긴 브랜드명이었다.

이렇듯 끊임없는 혁신 아이디어는 결과적으로 좋은 파장을 낳았다. 몬테스뿐만 아니라 칠레 와인산업 전체가 혁신의 기운에 휩싸이게 된 것이다.

'기본'에 대한 지독한 고집

세 번째로 몬테스는 기본을 지키기 위해서라면 뭐든 했다. 좋은 포도 품종을 재배하기 위한 몬테스의 노력에 누구나 '지독하다'라고 말할 정도였다.

우선 숨은 포도재배지를 발굴하는 데 누구보다 앞장선 몬테스는 그런 노력 덕분에 아팔타, 마르치구, 레이다 등 새로운 포도재배지를 확보할 수 있었다. 그리고 몬테스의 포도주 저장실에선 24시간 내내 중세의 성가 선율이 흘러나오는데, 이 역시 포도 숙성에 좋은 영향을 주기 위해서라고 한다.

몬테스는 칠레에서 포도를 밤에 수확하는 유일한 와인 제조사다. 포도알들이 주로 낮에 숨을 쉬므로 포도알의 산미와 당분, 알코올의 균형은 밤에 좀 더 잘 유지되기 때문이란다. 또한 보통은 재배지 1ha에서 40~45t의 와인이 생산되는 것과 달리, 몬테스 알파는 같은 면적에서 3.5t만 생산되었다. 그 때문에 생산량이 다른 제조사의 10분의 1에도 미치지 못했지만 응축된 포도의 맛을 특색으로 하는 몬테스 알파의 자존심을 지키기 위한 특별한 고집이었다.

"자동차 회사는 모두 차를 만들 줄 알지만 경주용 차를 내놓으려면 창조력이 필요하다." 몬테스 알파의 공동 창업자 더글라스 머레이의 말이다. 동종 업계가 세워놓은 장벽을 뛰어넘으려면 창조적 방법을 연구하지 않으면 안 된다는 진리를 몬테스는 몸소 가르쳐주었다. 설령 주변에서 "바보짓을 한다"는 비난이 들린다 해도 새로운 시도를 하기 위해 연구에 몰입했던 몬테스 리더들의 혁명가 정신은 획기적 성장의 기회를 확보하려는 기업들이 곱씹어봐야 할 화두가 아닌가 싶다.

'포기'도 전략이다!
산토리 다카라

김진혁

황금연휴를 즐기려고 외국여행을 떠날 때, 공항은 당연히 북새통이다. 출국심사대 앞에는 긴 줄이 늘어서 있고 그래서 내 앞으로 이미 많은 사람이 서 있으면, 기다리다 지쳐 저절로 투덜거리게 된다. 그런데 때로는 이런 지루함이 단숨에 해결되기도 한다. 바로 옆 심사대가 열리는 순간이 그때다. 긴 줄 뒤에 섰다가 재빨리 새로 열린 심사대 앞에 첫 번째로 가서 설 때의 그 짜릿함이란!

어디 공항 심사대에서 줄을 설 때만 그렇겠는가. 신제품 출시도, 경영의 성공도 새로운 줄을 잡아서, 아니 새로운 줄을 만들어서 가능한 경우가 있지 않던가.

후발주자들의 실패를 거울로 삼다

때는 2000년, 무대는 일본의 음료 시장. 당시 스포츠 음료 시장을 주름잡던 제품은 오츠카大塚의 포카리스웨트였다. 스포츠 음료 시장이 점점 커지면서 주요 음료업체들이 너도나도 시장에 뛰어들었다. 하지만 다들 채 명함도 내밀어보지 못하고 나가떨어지기 일쑤였다. 이미 시장을 장악한 포카리스웨트의 아성이 너무 막강한 탓이었다. 대표적인 전사자는 기린Kirin의 스피드, 아사히Asahi의 스위치 같은 제품이다. 음료시장에서 빼놓을 수 없는 대기업인데도 이들은 실패하고 말았다.

산토리 역시 스포츠 음료 시장에 도전장을 내밀고 싶었다. 그런데 앞서 큰 기업들이 실패하고 나오는 모습을 보니 엄두가 나지 않았다. 산토리는 어떻게 했을까?

산토리는 일단 소비자 조사를 실시했다. 흔히 스포츠 음료는 '운동 후에 마시는 것'이라 생각하기 쉬운데, 조사 결과 산토리는 뜻밖의 사실을 알게 된다. 스포츠 음료를 '운동 후'에 마신다는 사람은 겨우 17%에 불과했고, 나머지 80%는 '목욕 후 목마를 때', '숙취를 느낄 때', '일하는 중에' 등등 운동 여부와는 상관없이 일상생활 중에 마신다는 것이었다. 여기서 산토리는 중요한 사실을 발견하게 된다. 굳이 스포츠 음료로 포장할 필요가 없다는 것이었다.

긴 줄 뒤에 서기보다는 새로운 줄을 만들어라

산토리는 스포츠 음료라는 콘셉트를 과감히 포기하기로 했다. 그 대신에 체질개선 음료라는 새로운 콘셉트를 만들었다. 공항 심사대에서 긴 줄 뒤에 서지 않고 아예 새로운 줄을 만들어 맨 앞에 서기로 한 것이다. 그런데 문제는 체질개선 음료라는 추상적 콘셉트로는 소비자를 유혹하기 어렵다는 점이었다.

산토리는 바로 이 지점에서 기존 시장의 강자, 포카리스웨트를 활용했다. 즉 산토리는 새로 출시할 자신들의 체질개선 음료의 핵심 기능을 포카리스웨트와 차별화했다. 사실 포카리스웨트와 산토리의 새 음료는 체내 삼투압을 조절한다는 점에서 핵심 기능이 유사했다. 하지만 포카리스웨트가 수분 흡수가 빨리 이뤄지도록 돕는다는 점을 강조한 것과 달리, 산토리는 정반대 콘셉트를 강조했다. 바로 '배출'을 돕는다는 것이었다. 즉 산토리는 몸에 불필요하게 많은 지방, 당분, 염분을 잘 배출하게 도와주는 음료라고 강조했던 것이다. 예컨대 TV광고에서 소변보는 아기 동상을 내세우며 배출의 이미지를 강하게 노출했다.

따지고 보면 포카리스웨트나 산토리의 새 음료는 기능적으로는 비슷했지만, 소비자 입장에서는 새로운 기능을 가진 것으로 받아들이기에 충분했다. 바로 이 음료가 산토리가 새로 출시해 큰 성공을 거둔 '다카라DAKARA•'이다.

산토리는 여기서 그치지 않고 다카라의 포장과 마케팅 등 모든 것을 포카리스웨트와 차별화했다. 포카리스웨트가 파란색을 사용해 청량감을 강조했다면, 다카라는 흰색 바탕에 붉은 하트를 그려 넣어 '건강'이라는 이미지를 강조했다. 또 가두 캠페인에서는 캠페인걸에게 간호사 옷을 입히기도 했다.

이런 차별화로 다카라는 포카리스웨트라는 막강한 선발주자의 영향을 크게 받지 않고 히트상품으로 떠오를 수 있었다. 일본의 피터 드러커로 불리는 노나카 이쿠지로野中郁次郎 히토쓰바시 대학 명예교수는 자신의 책에서 다카라 사례를 첫 번째로 다루며 "다카라야말로 이노베이션의 본질"이라고 극찬한 바 있다.[19]

막강한 선발자가 존재하는 시장에 도전하는 기업은 반드시 차별화를 해야 한다. 하지만 가격차별화, 즉 싼 가격을 내세우는 건 자칫 채산성을 떨어뜨릴 위험이 있다. 그보다는 산토리의 다카라 사례에서 보듯 콘셉트를 차별화하는 것, 즉 새로운 줄을 만드는 방법을 고민하는 것이 좋다. 마시는 요

• 원래 'だから(다카라)'는 '~하기 때문에'라는 뜻이다. 산토리는 '건강을 해치기 쉬운 현대인을 위한 신체 밸런스 음료'라는 콘셉트에서 '마셨으면 하는 과학적인 이유가 있기 때문에'라는 뜻에서 다카라라는 이름을 지었다고 한다.

구르트 시장이 포화 상태에 이르자 떠먹는 요구르트라는 새로운 줄을 만들어 신시장을 창조하고, 또 떠먹는 요구르트 시장이 포화되자 몸에 바르는 요구르트라는 새로운 줄을 만들어 또 다른 시장을 열었듯이 말이다.

"늦게 줄을 서기보다는 새로운 줄을 만드는 것이 좋다." 산토리의 혁신제품 다카라가 우리에게 던지는 중요한 시사점이다.

불친절로 승부하다, 구로토 시코

이승현

아무리 수입 제품이라 해도 한글 번역 매뉴얼 하나 없이 영문 매뉴얼만 제공하고, 고객응대 창구도 없어 이메일이나 전화나 FAX로 문의를 할 수도 없다면, 과연 이런 제품을 구매하겠는가?

아마도 고객서비스가 엉망인 불친절한 회사라 여기고 더는 이 회사의 제품을 이용하지 않을 것이다. 그런데 기이하게도 이런 '불친절함'을 오히려 마케팅 콘셉트로 삼아 더 큰 성공을 거둔 브랜드가 있다. 일본의 PC부품 기업인 구로토 시코 玄人志向이다.

이 회사는 이름부터가 독특하다. 이 브랜드의 한자를 우리 식으로 그대로 읽으면 '현인지향'이다. '현명한 사람을 지향한다'라는 의미다. 다시 말해 전문가를 타깃으로 하는 회사라는 뜻이 담겨 있다. 전문가를 지향하는 구로토 시코의 콘셉트는 이름에서만 드러나지 않는다. 제품 포장 또한 전문가가 아닌 일반인은 전혀 고려하지 않아 불친절하기는 마찬가지다. 컬러풀하고 아기자기한 포장에 제품 사양과 성능을 꼼꼼히 적어놓는 다른 회사의 포장과 달리, 간결한 매뉴얼과 드라이버 CD 그리고 포장은 단색의 골판지 박스에 '현인지향'이라는 한자와 함께 때로는 '초심자 사절'이라는 다소 과격한 문구를 적어놓기도 한다.

초심자 사절, 전문가 지향

이 불친절한 서비스에도 불구하고 구로토 시코는 2001년 제품을 출시한 이후 줄곧 PC부품시장에서 점유율을 높여왔고, 2012년에는 일본 내 그래픽카드 판매량에서 9년 연속 1위를 차지할 정도로 입지를 굳혔다. 소비자들에게 그토록 불친절한데도 어떻게 구로토 시코는 이 같은 성공을 거둔 것일까?

첫째 비결은 타깃 고객층을 명확하게 잡았기 때문이다. 서포터를 필요로 하지 않는 전문 사용자들, 즉 파워유저를 타깃으로 설정했다는 점이다. 나아가 그 파워유저들이 보편적으로 지닌 성향을 십분 활용했다.

파워유저들은 다른 이의 도움을 받거나 매뉴얼을 통해 제품사용법을 익히는 것에 자존심이 상하고 스스로 시행착오를 겪으면서 사용법을 직접 익혀나가는 데서 즐거움을 느낀다는 점을 파악한 것이다. 바로 이들을 공략하기 위해 구로토 시코는 '상세 매뉴얼, 직접 서포트 없음'이라는 아주 특별한 맞춤형 콘셉트를 탄생시켰다.

그 덕분에 비용도 줄일 수 있었다. 매뉴얼 제작 및 고객서비스에 필요한 부수비용과 시간을 아낌으로써 결과적으로 제품의 값은 낮추고 신제품 출시 속도는 높일 수 있었다. 나아가 소수의 파워유저만 필요로 하는 특별한 기능을 가진 PC부품도 시장에 내놓을 수 있었다.

구로토 시코가 강조하는 '전문가만을 위한 제품'이라는 콘셉트는 이 제품을 구매하고 사용하는 사람들에게는 자신이 전문가라는 자부심을 느끼게 해주었다. 또 전문가가 아닌 유저들에게는 전문가가 되고 싶다는 마음에서 이 제품을 구입하도록 유도하는 결과를 낳았다. 그래서 이후에는 점차 전문가만이 아니라 중급자와 초급자 사이에서도 제품 판매량이 지속적으로 높아지는 효과를 발휘했다.

실수마저 기회로 만든 기발한 마케팅

둘째 비결은 남들은 상상하지 못한 방식의 마케팅을 적극 실행했다는 점이다. 구로토 시코는 다른 PC부품 제조업체들이 흔히 활용하는 잡지나 포스터 광고는 거의 하지 않았다. 그 대신에 돌발적인 PR이벤트를 수시로 개최하기로 유명하다.

예를 들면 구로토 시코의 브랜드마크인 검은 선글라스를 낀 남자가 사무라이 복장을 하고 '초심자 거절, 아마추어 박멸' 같은 자극적인 멘트를 하면서, 전자제품 매장이 밀집한 아키하바라 거리에서 제품을 팔거나 프로그램을 나눠주는 방식이다.

그런데 2002년, 구로토 시코의 제품에서 큰 실수가 발견되었다. 새로 출시한 제품의 소프트웨어에 바이러스가 포함되어 있었던 것이다. 자칫 고객의 신뢰를 잃을 수 있는 사고였다. 전문가용 제품에서 바이러스가 발견되었다는 건 구로토 시코가 쌓아놓은 이미지 자체에 심대한 타격을 줄 수 있는 일이었다.

하지만 구로토 시코는 이 또한 역으로 활용했다. 회사는 즉시 선글라스를 낀 남자를 출동시켰는데, 이번엔 선글라스를 낀 간호사와 함께였다. 마스크를 착용한 그들은 행인들에게 바이러스 치료 프로그램을 배포하는 바이러스 박멸 캠페인을 진행했다.

실수를 감추기보다는 솔직히 인정하면서 오히려 기발한 이벤트 소재로 활용한 것이다. 이러한 노력은 고객들로부터 웃음과 관심을 자아내는 동시에, 구로토 시코 자신에게도 전화위복의 기회가 되어주었다. 또한 구로토 시코는 출시한 제품에서 하자가 발견되었을 경우 홈페이지에 상세한 오류 내용과 함께 조치 사항을 신속히 게시한다. 이런 면에서는 불친절함과는 정반대로 너무도 성실하다. 이렇듯 자사 제품의 오류나 하자를 인정하고 개선하려는 성실함은 구로토 시코에 대한 고객의 신뢰감을 크게 높이는 성과를 발휘했다.

고객들이 스스로 움직이게 만들다

셋째 비결은 고객들이 스스로 움직이게 만들 줄 안다는 점이다. 앞서 말했듯 구로토 시코는 전화나 팩스로는 제품에 대한 문의나 응답을 하지 않는다. 그렇다면 이 회사 제품을 구입한 고객 중 아무리 노력해도 사용법을 찾지 못한 경우는 어떻게 해야 할까?

불친절한 회사 구로토 시코지만 이를 위한 최소한의 구제책은 마련해놓고 있다. 바로 온라인 커뮤니티다. 문제가 발생한 고객이 구로토 시코 홈페이지 게시판에서 질문하면 이 게시판을 방문한 다른 유저들이 해결책을 제시해주는 방식이다. 이러한 커뮤니티 방식을 활용해 회사에서 별다른 자원을 투입하지 않아도 사용자들이 스스로 해결점을 찾아내도록 한 것이다.

커뮤니티의 효과는 이것만이 아니다. 사용자들이 부품과 관련한 이야기를 주고받고 지식을 공유하는 과정에서 그 수준이 자연스럽게 올라가고, 그러다 보니 구로토 시코가 타깃으로 삼는 고객층인 전문가들이 점점 늘어나, 결국 일석이조의 효과를 경험하고 있다.

'불친절'이라는 기이한 콘셉트로 큰 성과를 거둔 구로토 시코의 사례를 살펴보았다. 그러나 이 회사의 불친절은 일반적인 의미의 불친절함이 아니다. 이런 콘셉트의 이면에는 고객 스스로 제품에 대한 호기심을 느껴 제품에 더욱 관심을 갖도록 유도하는 심오한 마케팅 전략이 담겨 있다. "필요는 발명의 어머니"라는 말도 있듯이 제품에 대한 다소의 불편함이 고객 스스로 해결하려는 욕구를 불러일으켰다고 할 수 있다. 물론 이것이 타깃고객의 라이프스타일이나 성향과 맞아떨어져야 한다는 점을 간과해서는 절대 안 되겠지만 말이다.

우리 기업의 타깃고객층은 누구이고, 우리 기업은 과연 그에 걸맞은 차별화된 서비스를 시행하고 있는지 다시 한 번 생각해볼 일이다.

히트제품 탄생의 정석을 보여주다, 미즈칸

백창석

대표적 레드오션이라고 불리던 일본의 낫토納豆•시장, 그런데 2008년 대이변이 일어났다. 하반기에 출시된 한 낫토가 그 6개월 동안 일본의 전 인구가 1.5개씩 먹었을 정도로 엄청나게 팔린 것이다. 무려 1억 7,000만 개라는 어마어마한 판매량이다.[20] 이 낫토 제품을 출시한 회사는 단숨에 시장점유율 1위로 등극했고, 심지어는 밀려드는 수요를 감당하지 못해 광고까지 중단했다. 창업 200년 역사를 자랑하는 미즈칸Mizkan 식품회사의 '아랏벤리!あらっ便利••포장 낫토'가 이

• 삶은 콩을 발효시킨 일본의 전통음식.
•• "어머, 편리해!"라는 뜻의 감탄사.

놀라운 판매신화의 주인공이다. 과연 미즈칸의 낫토는 기존의 낫토와 무엇이 달랐던 것일까?

고객의 불편함에 주목하다

떠먹는 요구르트나 과일젤리 제품을 사먹을 때 가장 짜증나는 일은 무엇인가? 얼른 먹고 싶은데 뚜껑이 잘 뜯어지지 않거나, 어렵사리 뜯기는 했는데 그만 내용물이 옷에 튀거나 손에 묻을 때가 아닐까? 이는 우유나 음료수를 마실 때도 마찬가지인데, 낫토 제품도 똑같은 문제를 안고 있었다. 기존의 낫토 제품은 겉포장을 뜯으면 안에 비닐포장이 한 번 더 되어 있었는데, 이를 벗겨내려면 전쟁 아닌 전쟁을 치러야 했던 것이다.

낫토는 그 특성상 실처럼 끈적끈적하게 딸려 올라오는데 그게 속비닐에 엉겨 붙어, 먹기도 전에 손이 엉망이 되고 마는 것이다. 더 불편한 건 속비닐을 떼어내고 나면 이젠 양념간장과 겨자가 든 비닐을 또 열어야 낫토를 비빌 수 있다는 점이었다. 비닐을 찢다가 간장이 튀기도 하고 손에 묻기도 한다. 게다가 쓰레기는 쓰레기대로 많이 나온다. 건강에 좋은 낫토를 먹으려면 이 정도 불편은 참아야 한다는 것인가, 생각하면서 고객은 그만 지쳐버리고 만다. 그런데도 지금껏

 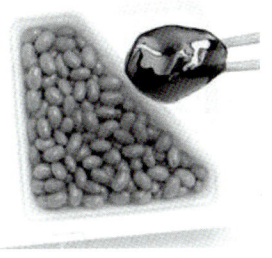

일반 낫토(왼쪽)와 아랏벤리 포장 낫토(오른쪽). 고객 불편을 당연시하던 기존의 업체들과 달리 미즈칸은 2년간의 연구개발 끝에 낫토 포장에서 속비닐을 없애고 별도포장이 필요 없는 젤리형 소스까지 제공하면서, 보다 편리하게 먹을 수 있는 낫토를 내놓았다.
자료 : http://www.mizkan.co.jp

이런 고객 불편을 '개선해야 할 문제'로 인식한 식품회사는 없었다.

그러나 미즈칸은 달랐다. 미즈칸은 그동안 당연시되던 고객의 불편함에 주목했다. 속포장을 없애면서도 낫토의 신선도와 맛을 유지할 방법에 골몰한 미즈칸은 2년간의 연구개발 끝에 속비닐을 없앨 수 있었고 또 별도포장이 필요 없는 젤리형 소스까지 만들어 보다 편리하게 먹을 수 있는 낫토 개발에 성공했다.

고객의 마음을 읽는 직원을 지원하라

사실 끈적거림이 뒤따르는 불편한 내부포장의 문제는 낫토를 제조하는 모든 식품업체의 고객센터에 지속적으로 접수되던 문제였다. 하지만 그 어느 업체도 개선의 움직임을 보이지 않을 때 미즈칸의 한 직원이 문제의 심각성을 인식하고 회사에 적극 건의하면서 개발이 시작된 것이다. 바꿔 말하자면, 이런 문제점을 인식할 수 있도록 미즈칸에는 '열린 문화와 시스템'이 있었다는 이야기다.

미즈칸은 창업한 지는 오래된 회사지만 낫토시장에 진입한 것은 1997년으로 후발주자였다. 후발주자라는 약점을 극복하기 위해 미즈칸은 자사의 고유한 시스템을 낫토 사업에 접목했다. 즉 누군가가 제안한 아이디어가 좋고 시장조사를 통해 의견이 타당하다는 판단이 든다면, 제안자의 지위 고하를 막론하고 그 사람이 기획 담당자가 되어 기술자와 한 팀으로 기획-개발-포장-영업 활동까지 모든 프로세스를 책임지도록 권한을 부여하는 시스템을 가동했다.

사실 조직에서 신제품을 출시하고자 준비하다가 포기하는 경우 그 원인은 대부분 다른 부서와의 갈등에서 비롯된다. 하지만 미즈칸은 직원들이 끝까지 제품개발에 몰두하고 결국 성공할 수 있도록 제도적 장치를 마련해준 것이다. 이와 더불어 미즈칸에선 어느 누구나 자기 의견을 자유로이 제안하고 최고경영진과도 언제든 이야기를 나눌 수 있는 '소통의 문화'가 자리 잡혀 있었다.

미즈칸이 낫토시장에서 남다른 시각을 가지고 신제품을

개발할 수 있었던 것은 바로 이런 열린 문화와 시스템 덕분이다. 한 예로, 2000년에도 미즈칸은 낫토를 먹은 후 입에 남는 냄새 때문에 먹기를 꺼리는 고객을 위해 '냄새 없는 낫토'를 출시해, 후발주자였는데도 단숨에 시장점유율 2위로 등극한 바 있었다. 그러다 2009년에는 포장을 혁신한 제품으로 마침내 1위 자리를 차지한 것이다.

남다른 콘셉트에 담은 '감성'

미즈칸이 낫토 사업에서 후발주자였음에도 대성공을 거둔 비결은 한 가지가 더 있다. 이전에는 맛과 기술만으로 승부수를 띄우던 낫토시장에서 남다른 콘셉트로 승부를 걸었다는 점이다. 바로 미즈칸의 포장 혁신이다. 우선 포장에 쓰인 내용부터 달랐다.

 포장지에는 '어머, 편리해!'라는 문구가 눈에 확 띄게 들어가 있고, 제품광고나 홈페이지에서도 늘 간편한 포장 제품임을 강조했다. 예컨대 홈페이지에 접속한 방문자들은 아랏벤리 낫토 제품을 어떻게 이용할 수 있는지 동영상 시연을 통해 직접 눈으로 확인할 수 있다. 동영상에선 포장 낫토를 뜯어 양념과 비비는 장면까지 보여주는데, 이는 단 10초 만에 먹을 준비가 완전히 끝남을 입증하는 것이다.

미즈칸이 시도한 또 하나의 차별점은 뛰어난 제품 디자인이다. 미즈칸은 업계 최초로 낫토 포장을 유명한 그래픽 디자이너 기쿠치 아쓰키에게 일임했다.
자료 : http://www.mizkan.co.jp

　미즈칸이 시도한 또 하나의 차별점은 뛰어난 제품 디자인이다. 미즈칸은 업계 최초로 낫토 포장을 유명한 그래픽 디자이너 기쿠치 아쓰키菊地敦己에게 일임했다. 이렇게 포장 하나에도 감성을 담으려는 노력 덕택에 소비자의 마음을 단기간에 사로잡을 수 있었던 것이다.

　'마케팅'이라고 하면 흔히들 돈을 들여 시장조사를 실시하고 여기서 나온 숫자와 데이터를 활용해 판매전략을 구상한 후 그에 따라 고객에게 다가가는 것이라고 생각한다. 하지만 미즈칸의 사례는 좀 다른 교훈을 준다. 마케팅은 그저 숫자와 데이터로만 이뤄지는 것이 절대 아니라는 사실이다. 결국 구체적인 마케팅 활동에 들어가기 전에 임직원 개개인이 남다른 시각과 콘셉트를 갖고자 노력하고 그렇게 해서 탄생한 독특한 콘셉트가 마지막까지 제품에 반영될 수 있도록 동기를 부여해주는 것이 좀 더 근본적이고 중요한 문제가 아닐까?

　주변을 둘러보자. 남들은 보지 못한 고객의 불편함을 알아차린 직원이 혹시 있지 않은가? 만약 있다면 그들을 힘껏 지원해야 한다는 사실을 기억하라.

세상에 이런 장난감이? 반다이의 창조경영

이정호

2009년 7월 도쿄 오다이바お台場에 거대한 로봇이 출현해 사람들을 깜짝 놀라게 했다. 로봇의 이름은 '건담', 요즘도 여전히 인기가 있는 프라모델이다. 이 거대한 건담은 휴대용 디지털 애완동물 다마고치로 유명한 일본의 완구업체 반다이Bandai가 세운 것으로, 높이가 18m에 이르는 로봇 조형물이었다.

예상대로 건담은 곧바로 오다이바의 명물이 되었다. 공개 16일 만에 오다이바를 찾은 누적 방문객이 100만 명을 돌파했고, 그해 9월 해체 때까지 목표치의 2.5배인 415만 명이 방문했다. 또한 건담의 어깨까지 올라가 기념촬영을 할 수 있는 티켓이 260만 엔(우리 돈으로 3,470만 원가량)에 낙찰되기도

2009년 7월 도쿄 오다이바에 등장한 거대 로봇 '건담'. 일본의 유명 완구업체 반다이가 세운 것으로, 높이가 18m에 이르는 로봇 조형물이다. 공개 16일 만에 오다이바 누적 방문객이 100만 명을 돌파했을 정도로 큰 인기를 얻으며 오다이바의 명물이 되었다.
자료:《週刊ダイヤモンド》.

하는 등 그 인기가 엄청났다. "미국에 자유의 여신상이 있다면 일본에는 오다이바 건담이 있다"라는 말까지 나올 정도였다.

완구업체 반다이가 이런 대담한 이벤트를 펼칠 수 있었던 배경은 무엇일까? 일본 완구업계에서 부동의 1위를 지키는 기업 반다이의 창조적 경쟁력의 원천에 대해 알아보자.

어른도 즐길 수 있는 장난감의 비밀

중국 주周나라 태공망太公望이 지은 병법서인 《육도六韜》에 등장하는 '만대불역萬代不易(영원히 변하지 않는다)'에서 따온 회사명 '반다이萬代'는 "항상 사람들의 마음을 충족시키는 상

반다이의 장난감은 아날로그와 디지털을 잇는 재미를 선사한다. 디지털카메라로 촬영한 사진을 전용 스티커에 인쇄한 뒤 본체에 붙여 간단히 분신 피겨를 만들 수 있는 '페라모델'(왼쪽), 작은 상자 모양의 장난감에 손가락을 집어넣으면 액정 화면에 그 손가락이 나타나 장난감 속 물체들과 상호작용을 할 수 있는 '츠츠키 바코'(오른쪽) 등이 그런 예다.

품을 만들고, 멈춤 없는 기업 발전을 기원한다"라는 이념을 내세운다. 반다이는 '꿈, 놀이, 감동'의 모양은 바뀌어도 사람들이 행복을 추구하는 한 그것은 언제나 중요하다고 믿는다. 그러한 믿음 위에서 반다이는 장난감의 개념을 재정의해 어린이만이 아니라 여성, 중년층과 노년층 성인의 소비의욕을 북돋는 상품을 개발해왔다. 그중 몇 가지를 살펴보자.

첫째, 반다이의 장난감은 아날로그와 디지털을 잇는 재미를 선사한다. 예컨대 디지털카메라로 촬영한 자신, 가족, 친구의 사진을 전용 스티커에 인쇄한 뒤 본체에 붙여 간단히 분신 피겨figure를 만들 수 있는 '페라모델Pellermodel'이 그것이다. 여성들이 어렸을 때 즐기던 '옷 갈아입히는 종이인형 놀이'의 디지털 버전이라 할 수 있다.

또한 작은 상자만 한 장난감 구멍 속에 손가락을 집어넣으면 상자 표면의 액정에 그 손가락이 나타나 장난감 속 물

프리모 푸엘은 독거노인을 위한 '커뮤니케이션 토이'라는 새로운 장르를 개척한 밀리언셀러 상품이다.

체들과 상호작용을 할 수 있는 '츠츠키 바코', 개미의 행동 특성을 액정 화면에서 시뮬레이션한 디지털 개미집 'Ant's Life Studio' 등이 아날로그를 디지털 세계와 연결한 상품이다.

둘째로, 재미를 넘어 소비자의 추억과 감성까지 어루만진다는 게 반다이 장난감의 특징이다. LED 조명을 활용해 쇼와 30년대의 긴자 거리 풍경을 재현한 완성품 디오라마diorama '쇼와 긴자 디오라마'가 있고, 적외선 통신으로 인형들끼리 대화하거나 말을 걸고 만지면 대답도 하고 노래도 부르는 어린아이 모양의 봉제인형 '프리모 푸엘Primo Puel'도 있다. 특히 프리모 푸엘은 독거노인을 위한 '커뮤니케이션 토이'라는 새로운 장르를 개척한 밀리언셀러 상품이다. 프리모 푸엘 구매자 중엔 "남편이 죽고 나서 처음으로 누군가에게 '안녕히 주무세요'라는 말을 들었다"라면서 눈물짓는 할머니도 있고, 친자식이라도 되는 듯 프리모 푸엘에게 손수 옷을 해 입히는 사람도 있다고 한다.

"이런 것까지 상품으로 만들 줄은 몰랐다!"

셋째, 반다이는 장난감으로 만들 수 없으리라 여겨지던 것까지 상품화했다. 한마디로 고객들에게서 "정말 이런 것까지 상품화할 줄은 몰랐다"라는 반응을 이끌어낼 정도로 희한한 장난감을 만들어내 성공을 거두는 것이다.

대표적인 예가 '단 한 번밖에 즐길 수 없던 감촉을 무한하게 즐길 수 있다'라는 점을 콘셉트로 한 촉감 완구 '무한(∞)' 시리즈다.

그중 2007년에 대히트를 친 '무한 뽁뽁이'는 말 그대로 업체들이 상품을 고객에게 배송할 때 물건을 보호하기 위해 넣는 포장지, 일명 '뽁뽁이'라고 불리는 것에서 아이디어를 따왔다. 독특한 촉감 때문에 사람들이 심심할 때면 손으로 톡톡 터뜨리는 이 뽁뽁이를 반다이에서 실제 장난감으로 만든 것이다. 보통의 뽁뽁이는 한 번 누르고 나면 끝이지만, 무한 뽁뽁이는 그런 감촉을 무한 반복해서 느낄 수 있게 고안된 상품이다.

이 외에도 '무한 콩 벗기기', '무한 과자 포장 벗기기', '무한 캔맥주 따기' 등을 시리즈 제품으로 출시해 총 500만 개 판매라는 대히트를 기록했다.[21]

반다이의 3대 정신,
챌린저-이노베이터-엔터테이너

장난감에 대한 거의 모든 고정관념을 깨고 놀라운 제품을 연이어 출시해온 반다이에는 전 직원의 행동규범이 되는 3대 정신이 있다.

첫째 '우선 해보자!'라는 챌린저Challenger 정신, 둘째 '그렇게까지 했는가!'라는 이노베이터Innovator 정신, 셋째 '이왕 한다면 재미있게!'라는 엔터테이너Entertainer 정신이 그것이다. 사원들은 매일 조례에서 이 세 가지를 소리 내어 외친다.

이 3대 정신이 가장 잘 구현되는 장은 '감동창조 논문 제도', 곧 사원들의 아이디어 제안 제도다. A4 용지 두세 장 분량의 논문 형태로 공모하는데, 정사원은 물론 계약직이나 입사 예정자까지 응모 가능하고 실제로 전체 직원의 80% 이상이 참여한다. 심사는 분야별로 간부 4명 이상이 혁신성·발전성·수익성·공감도 4개 항목으로 평가하는데, 항목 자체도 매우 흥미롭다. "이런 건 본 적이 없어!", "큰놈이 될 것 같아!", "잘 팔리겠는데?", "맞아, 맞아!" 등 피부에 바로 와 닿는 생생한 표현으로 심사 기준이 마련되어 있다.

실제로 스타일리스트, 사진사, 배우 등이 협업하여 '어린애 취향을 가진 어른'을 위한 캐릭터 상품으로 '키라키라 재팬'을 출시했는데, 이는 2002년 감동창조 논문 제도를 통해 탄생한 아이디어였다. 또한 2003년에는 고령자 시설에서 완구를 활용해 레크리에이션 교육을 실시하는 프로그램 '플레이케어Playcare'를 개설했는데 2,000명 이상 이수자를 배출해 현재 이들은 각지에서 활발히 활동 중이다.

완구 메이커로 시작해 '캐릭터 비즈니스'를 넘어 이젠 '종합 엔터테인먼트 메이커'로 진화하고 있는 창조적 기업 반다이가 보여준 눈부신 창조 경쟁력은 다음 두 가지 핵심으로 요약된다.

첫째, 창조경영은 전면전이라는 것이다. 자신들의 가치와 미션을 공감하는 사람이라면 특정 고객층으로 제약하지 않고 그 누구라도 고객으로 편입시키는 힘은 거기서 나온다.

둘째, 창조경영은 총력전이라는 것이다. 직원들 누구나 창조적 아이디어를 낼 수 있도록 도전적 문화와 제도를 구축해놓아야 한다.

창조적 기업으로 변신하고 싶어하는 경영자라면 반드시 이 두 가지 키워드를 염두에 두어야 하지 않을까.

참고문헌

제1장 이유 없는 명성은 없다

1 뤼디거 융불루트 (2006). 《이케아 : 스웨덴 가구왕국의 상상초월 성공스토리》. 배인섭 옮김. 미래의창.
2 뤼디거 융불루트 (2006). 《이케아 : 스웨덴 가구왕국의 상상초월 성공스토리》. 배인섭 옮김. 미래의창.
3 "3종류 鐵 배합·인체공학 구조… '쌍둥이 칼'에 담긴 기술개발 DNA" (2011. 12. 15). 《한국경제신문》.
4 Ted Drozdowski (2009. 3. 11). The Making of a Gibson USA Guitar. 〈http://www2.gibson.com/News-Lifestyle/Features/en-us/309-gibson-usa.aspx〉.
5 〈http://web.mit.edu/invent/iow/mccarty.html〉.
6 크리스티 보도자료 (2011. 1. 27). 〈http://www.christies.com〉.
7 "세계 최대 경매회사 크리스티 CEO 돌먼 '1위 비결? 뭐니 뭐니 해도 사람'" (2010. 6. 26). 《중앙일보》.
8 Mercedes-Benz TecDay Innovations: 'Room for free and creative thinking' (Oct 28, 2010). Daimler Global Media Site. 〈http://media.daimler.com/dcmedia〉.
9 "벤츠와 함께 춤을… '벤츠의 기상천외한' 이노베이션 스튜디오" (2010. 11. 18). 《조선일보》.
10 Estée Lauder Annual Report 2011.
11 토드 부크홀츠 (2009). 《죽은 CEO의 살아있는 아이디어》. 최지아 옮김. 김영사. p. 176.
12 토드 부크홀츠 (2009). 《죽은 CEO의 살아있는 아이디어》. 최지아 옮김. 김영사. p. 178.
13 "[Weekly BIZ] 3대(代)째 '패밀리 경영'… 화장품을 파는 게 아닙니다

'최고의 감성'을 팝니다" (2010. 4. 2).《조선일보》.

14 Andria Cheng (June 28, 2011). Nike raises sales goal, furthering share gain. MarketWatch. 〈http://www.marketwatch.com/〉.

15 Nike Annual Report 2001~2004.

16 "로레알 CEO '화장품은 이미지만으론 성공 못해'" (2008. 3. 9).《매일경제》.

17 "[佛] 화장품업체 로레알 성공비결I 인적구성 어떻게 돼 있나" (2000. 5. 3).《매일경제》.

18 "[Interview] 한국 소비자는 전문가… 세계서 통할 신제품 아이디어 얻죠" (2012. 5. 1).《매일경제》.

19 김현미 (2004). "로레알 유연한 '카멜레온 전략'으로 성장엔진 달군다".《신동아》 6월호.

20 Hermès aims to keep luxury of exclusivity in the bag (2009. 10. 7). *Financial Times*.

21 마이클 토넬로 (2010).《에르메스 길들이기》. 공진호 옮김. 마음산책.

22 정영선 (2011).《나는 이야기 장사꾼이다》. 멋진세상.

23 "1,000만 원 비데, 1억 원 침대… 사치인가 명품인가" (2011. 9. 15).《조선비즈》.

24 Best Global Brands 2011-Top brand interview. 〈www.interbrand.com〉.

25 ARM Annual Report 2010.

26 ARM Annual Report 2010.

27 廣岡延隆 (2011. 8. 8/15). "英アームホールディングス 共生でインテル超え".《日經ビジネス》. 1603號, pp. 56~59.

28 ARM Annual Report 2010.

29 〈http://www.technogym.com〉.

30 Technogym di Nerio Alessandri (2012. 4. 12). 〈http://www.panorama.it〉.

31 Hermann Simon (2009). *Hidden Champions of the Twenty-First Century*. Springer.

32 〈http://www.technogym.com〉.

33 〈http://www.technogym.com〉; "'재밌는 운동' 아이디어로 전 세계 헬스클럽을 바꾸다" (2009. 1. 14).《조선일보》.

34 Logitech's Top 25 Defining Moments 〈http://www.logitech.com/

lang/pdf/logitech_defining_moments.pdf〉.
35 http://ir.logitech.com/financialhistoryAnn.cfm?pagesect=Prod&IncomeYear=2011
36 필 로젠츠바이크 (2007). 《헤일로 이펙트》. 이주형 옮김. 스마트비즈니스. pp. 273~275.

제2장 평범과 비범을 가르는 것은 작은 특별함이다

1 McKinsey (2009). Industry trends in the downturn: A snapshot.
2 〈http://www.hoovers.com〉.
3 "'룰루레몬' 패션 블루오션 창출 – 요가+패션+즐거운 문화체험" (2008. 8. 18). 《패션비즈》.
4 〈http://www.hoovers.com〉.
5 Fortune's fastest-growing companies (2011. 9. 26). *Fortune*.
6 "요가 의류 '룰루레몬'의 크리스틴 데이 CEO." (2012. 4. 4). 《아시아경제》.
7 Coolest Inventions 2004: Kid Friendly (2004. 11. 29). *Time* 〈http://www.time.com/time/magazine/article/0,9171,995737,00.html〉.
8 "'유아용 가구는 수명 짧다?' 어린이와 함께 자라는 가구로 롱런" (2011. 10. 13). 《한국경제》.
9 For China's Rich, Paris Is Calling (2011. 6. 17). *Wall Street Journal*.
10 론카토 내부 자료.
11 〈http://www.roncato.com〉.
12 〈http://www.roncatouno.com〉.
13 GAP Listens to Customers and Will Keep Classic Blue Box Logo (2010. 10. 11). Press Release. 〈http://www.gapinc.com/content/gapinc/html/media/pressrelease/2010/med_pr_GapLogoStatement10112010.html〉.
14 Michael F. Walsh, Karen Page Winterich, Vikas Mittal (2010). Do logo redesigns help or hurt your brand? The role of brand commitment. *Journal of Product & Brand Management*. Vol. 19 Iss: 2, pp. 76~84.;

Michael F. Walsh, Karen Page Winterich, Vikas Mittal (2011). How redesigning angular logos to be rounded shapes brand attitude: consumer brand commitment and self-construal. *Journal of Consumer Marketing*. Vol. 28 Iss: 6, pp. 438~447.
15 하워드 슐츠 새 로고 설명 동영상. 〈http://www.starbucks.com/preview#/true-to-our-heritage/737153501001〉; A Makeover for the Starbucks Mermaid (2011. 1. 8). *The New York Times*. 〈http://www.nytimes.com/2011/01/09/weekinreview/09heller.html〉.
16 〈http://www.hoovers.com〉.
17 Apple: America's best retailer (2007. 3. 19). *Fortune*.
18 이사도어 샤프 (2011). 《사람을 꿈꾸게 만드는 경영자》. 양승연 옮김. 지식노마드.
19 CNBC (2010. 2. 26). The 25 Most Marketable Winter Olympians.
20 "[여기는 밴쿠버] 헬기로만 갈 수 있는 곳서 극비훈련" (2010. 2. 19). 《중앙일보》.
21 〈http://www.style.com/beauty/beautifullives/052909_Benefit_Cosmetics_Ford/slideshow〉.
22 〈http://blog.benefitcosmetics.com/authors-page/〉.
23 100 Best Companies to Work for 2012. *Fortune*. 〈http://money.cnn.com/magazines/fortune/best-companies/2012/full_list/〉.
24 이시즈카 시노부 (2010). 《아마존은 왜? 최고가에 자포스를 인수했나》. 이건호 옮김. 북로그컴퍼니.
25 Tony Hsieh (July-August 2010). Zappos's CEO on Going to Extremes for Customers. *Harvard Business Review*.
26 토니 셰이 (2010). 《딜리버링 해피니스》. 송연수 옮김. 북하우스.
27 히토쓰바시대학 대학원 국제기업전략연구과. 포터상 공식 사이트. 〈http://www.porterprize.org/pastwinner/〉.
28 스카니아 코리아 홈페이지 보도자료. 〈http://www.scania.co.kr/media/teamscania/driver-support.aspx〉.
29 "700호점 돌파, 다이소는 무한성장 중" (2011. 10. 7). 《한국일보》.
30 "[인터뷰] 박정부 다이소아성산업 회장" (2010. 8. 21). 《매일이코노미》.
31 "다이소 600호점 오픈" (2010. 12. 20). 《한국경제》.

제3장 진정한 고수는 위기라 쓰고 기회라 읽는다

1 Bang & Olufsen Group Annual Report 2008/09, Annual Report 2010/11.
2 Bang & Olufsen Group Annual Report 2010/11.
3 Bang & Olufsen Group Annual Report 2007/08.
4 Bang & Olufsen Group Annual Report 2010/11.
5 "特集 百貨店·スーパー大閉鎖時代"(2010. 3. 13).《週刊東洋經濟》. pp. 36~85.
6 國土交通省 (2008. 3). 平成17年全國都市交通特性調査.
7 MBC스페셜 (2011. 9. 23). "다이신, 할머니를 유혹하다".
8 Vineet Nayar (2011. 2). A Maverick CEO How He Persuaded His Team to Leap into the Future. *Harvard Business Review*.
9 "Best Practice… 직원 불만 24시간 내 해결… 印 HCL, 소통문 열었더니 매출 5배 껑충"(2010. 8. 19).《한국경제》.
10 "業績を劇的に回復させたJAL"(2011. 11. 19).《週刊ダイヤモンド》.
11 "業績を劇的に回復させたJAL"(2011. 11. 19).《週刊ダイヤモンド》.
12 "業績を劇的に回復させたJAL"(2011. 11. 19).《週刊ダイヤモンド》.
13 〈http://media.gm.com/media/us/en/gm/news.detail.html/content/Pages/news/us/en/2011/Jan/11naias/gm/0111_akerson_speech〉.
14 "ブリヂストン−荒川社長「大車輪改革」の勝"(2011. 4. 4).《プレジデント》.
15 "ブリヂストン−荒川社長「大車輪改革」の勝"(2011. 4. 4).《プレジデント》.
16 삼성경제연구소 내부 자료.
17 KOTRA (2010. 8. 25).《신흥시장의 알파기업에서 배운다》. Global Business Report 10-019.
18 NavNGo Annual Report 2011.
19 KOTRA (2010. 8. 25).《신흥시장의 알파기업에서 배운다》. Global Business Report 10-019.
20 이 글은 "古典藝術の再生 組織變革でオペラ復活".《日經ビジネス》. 1552號. pp. 72~75를 참조했다.
21 The Metropolitan Opera Annual Reports 2007/08 and 2008/09.
22 아마다전기 2011년 3월기 결산 단신 (2011. 5. 12).

23 量販の王 ヤマダ電機 (2007. 5. 12). 《週刊東洋經濟》 6080호. pp. 38~63.

제4장 1등을 쫓기만 해서는 1등을 이길 수 없다

1 "슈퍼마켓 아울렛, '킬로패션' 대박!" (2011. 12. 28). *Fashionbiz*. ⟨http://www.fashionbiz.co.kr⟩.
2 Kilo Fascion: debutta a Milano la formula 'moda a peso' (2011. 4. 8). *fashion Magazine*.
3 ⟨www.blacksocks.com/en⟩.
4 Silly Bandz Seek to Stretch Popularity (2010. 7. 8). *Wall Street Journal*.
5 ⟨http://www.sillybandz.com⟩.
6 Crocs 10-k Annual Report 2009.
7 윌리엄 C. 테일러 외 (2008). 《창조형 리더는 원칙을 배반한다》. 안진환 옮김. 뜨인돌출판사. p. 81.
8 윌리엄 C. 테일러 외 (2008). 《창조형 리더는 원칙을 배반한다》. 안진환 옮김. 뜨인돌출판사. p. 77.
9 CR Rates Michelin Models Best In Tests of Four Categories of Tires (2009. 10. 5). ConsumerReports.org. ⟨http://pressroom.consumerreports.org/pressroom/2009/10/cr-rates-michelin-models-best-in-tests-of-four-categories-of-tires.html⟩.
10 ⟨http://www.michelin.com/corporate/motorsport/championship-wins⟩.
11 Best Inventions 2005: Roll With It (2005. 11.13). *Time*. ⟨http://www.time.com/time/business/article/0,8599,1129516,00.html⟩.
12 Michelin Ladoux. ⟨http://www.michelin.com/ladoux⟩.
13 Lottman, H. R. (2003). *The Michelin men: driving an empire*. I.B.Tauris.
14 Michelinguide.com. ⟨http://www.michelinguide.com/us/guide.html⟩.
15 Failure Is Glorious (2001. 9. 30). *Fast company*. ⟨http://www.fastcompany.com/magazine/51/alessi.html⟩.

16 〈http://www.maeda.co.jp/fantasy/〉.
17 予算ゼロでもここまでできる! 前田建設ファンタジ營業部 (2009. 6. 13).《週刊東洋經濟》6207. p. 53.
18 "생명이 붙어 있는 한 '몬테스 마술' 펼칠 것" (2009. 12. 4).《중앙일보》.
19 野中郁次郎, 勝見明 (2004).《イノベーションの本質》. 日經BP社.; 노나카 이쿠지로 (2005).《1위의 패러다임》. 남상진 옮김. 북스넛.
20 野口智雄 (2009. 5. 4). "職場の心理學(216) '大ヒット納豆' 誕生の秘密".《プレジデント》47(10). pp. 116~118.
21 〈http://www.bandai.co.jp/releases/J2009032601.html〉.